Rolf Rüttinger
Unternehmenskultur

Rolf Rüttinger

Unternehmenskultur

Erfolge durch
Vision und Wandel

ECON Verlag
Düsseldorf · Wien

Für I. R.

1. Auflage 1986
Copyright © 1986 by ECON Verlag GmbH, Düsseldorf und Wien.
Alle Rechte der Verbreitung, auch durch Film, Funk und Fernsehen, foto-
mechanische Wiedergabe, Tonträger jeder Art, auszugsweisen Nachdruck
oder Einspeicherung und Rückgewinnung in Datenverarbeitungsanlagen
aller Art, sind vorbehalten.
Gesetzt aus der Times der Fa. Hell
Papier: Papierfabrik Schleipen GmbH, Bad Dürkheim
Gesamtherstellung: Bercker, Kevelaer
Printed in Germany
ISBN 3 430 17845 2

Inhalt

Statt einer Einleitung: Begriffsverwirrung – Kultur im Betrieb?

>»Er las immer ›Agamemnon‹ statt ›angenommen‹, so sehr hatte er den Homer gelesen.«
>
> G. C. LICHTENBERG, 1742–1799

Kultur, möglichst in Großbuchstaben geschrieben, führt bei uns nach wie vor ein weitgehend abgehobenes Dasein; mit dem täglichen Leben hat sie nicht viel zu tun, soll sie wohl auch nicht:

- Publizistisch wird das, was als Kultur gilt, in den Tageszeitungen auf die Feuilleton-Seiten verbannt. Zwar finden sich heute dort bereits Kritiken von Rock-Konzerten, doch Firmennamen tauchen nur dann auf, wenn sich ein Unternehmen als Sponsor kultureller Aktivitäten hervortut. Im Fernsehen gibt es eigene Kultursendungen; der Rest des Programms kann offenbar mit Kultur nicht in Verbindung gebracht werden.
- Öffentlich verwaltet wird Kultur durch die Kultusministerien, deren Aufgabe auch darin besteht, Kultur zu subventionieren. Ohne Zuschüsse ist Kultur bei uns offensichtlich nicht überlebensfähig. Wenn der Kultusminister, wie in Bayern, auch noch eigenhändig Orgel spielt oder der ehemalige Bundeskanzler Helmut Schmidt mit Christoph Eschenbach Klavierkonzerte auf Schallplatten aufnehmen läßt, dann ist das Bild komplett.
- Bei öffentlichen Bauten sollen 5 % der Bausumme für Kunst ausgegeben werden. Der Rest des Geldes kann dann guten Gewissens rein funktional verbaut werden.

Woher kommt es, daß Kultur nur abgegrenzt, in isolierten Bereichen auftaucht?

Gemäß dem »Großen Duden« ist ein Mensch dann kultiviert, wenn er »gesittet« und »hoch gebildet« ist. Besitzt er darüber hinaus auch noch Kultur, zeichnet er sich durch eine »durchgeistigte seelische Gepflegtheit« aus.

Und damit landet Kultur dann endgültig im Abseits, sie ist das Refugium einer intellektuellen, ästhetisch hochsensibilisierten Elite. Dem Prinzip der Arbeitsteilung folgend, wird Kultur von einer Minorität, den »Kulturschaffenden«, getragen und von einer Majorität, wenn überhaupt, konsumiert.

Obwohl längst von einem »Kulturbetrieb« gesprochen wird, Kultur und Kommerz – zwar häufig beklagt, aber dennoch immer schon – innige Verbindungen eingegangen sind, spielt sich Kultur in einem isolierten Raum ab, der mit dem Alltag nichts zu tun haben darf. Unübersehbar leiden wir immer noch unter den Spätfolgen einer nostalgischen Verklärung, die Broterwerb und Kultur streng voneinander trennt.

Aus der Literatur kennen wir den großbürgerlichen Helden, der des schnöden Mammons wegen – notgedrungen – ein Walzwerk betreibt, dessen Herz aber in Wirklichkeit an den schönen Künsten hängt. (Zahlreiche Beispiele hierfür finden sich in: Petra Schmidt-Decker, *Die jungen Bosse,* ECON Verlag, Düsseldorf 1984.)

In erfrischender Umkehr dieser sentimentalen Beziehung schrieb Wolfgang Hildesheimer vor Jahren eine Satire über einen genialen Klaviervirtuosen, der schwermütig seine Konzerte gibt und in den Pausen in dumpfe Depression versinkt, der aber dann auflebt, dessen Augen dann zu funkeln beginnen, wenn er einem zufälligen Besucher seiner Künstlergarderobe eine oder – noch besser – mehrere Versicherungen verkaufen kann. Entsprechend schwer war auch die Kindheit des Meisters: Ein hartherzig-verständnisloser Vater verbot ihm schon früh den Umgang mit Versicherungsvertretern, nur mit Hilfe einer Kerze unter der Bettdecke lesend, gelang es diesem vergewaltigten Verkaufsgenie, sich mit den einschlägigen Tabellenwerken der Versicherungswirtschaft vertraut zu machen.

Kultur als etwas über den Niederungen des Alltags Schwebendes zu sehen hat bei uns Tradition. Einen gewichtigen Beitrag leistete Ende des Ersten Weltkriegs Oswald Spengler mit seiner unseligen Differenzierung von Kultur und Zivilisation. »Griechische Seele und römischer Intellekt – das ist es. So unterscheiden sich Kultur und Zivilisation.« Oder: »Die reine Zivilisation als historischer Vorgang besteht in einem stufenweisen Abbau anorganisch gewordener, erstorbener Formen.« Oder: »Man kann die Griechen verstehen, ohne von ihren wirtschaftlichen Verhältnissen zu reden. Die Römer versteht man nur durch sie.«

In Schwarzweißmanier übertrieben und ins Unwirkliche verzerrt – im Argumentieren mit extremen Positionen sind wir unübertroffen –, werden hier wirtschaftliches Handeln und damit wohl auch der arbeitende Mensch und die Arbeit diffamiert. Arbeit dient dem primitiven Lebensunterhalt und Kultur der unsterblichen Seele.

Weniger überspannt und elitär wird Kultur heute z. B. in den USA – pragmatisch und unbefangen, wie man dort eben ist – als ein einzigartiges System definiert, um materielle Phänomene, Ereignisse, Verhaltensweisen und Gefühle wahrzunehmen und zu organisieren. Es macht dort keinerlei Schwierigkeiten, den Bezug zwischen dieser Auffassung und der Arbeitswelt herzustellen. Arbeit ist Bestandteil unserer Kultur, die Organisationen, in denen heute ein Großteil der Arbeit geleistet wird, haben oder sind ihre eigene Kultur.

1. Die neuentdeckte Dimension: Das Unternehmen und seine Kultur

»Ich bin fest davon überzeugt, daß jedes Unternehmen, um zu überleben und erfolgreich zu sein, einen gesunden Bestand an Grundüberzeugungen braucht, von denen es sich bei allen Entscheidungen und Maßnahmen leiten läßt.«

THOMAS WATSON JR., IBM

»In dem Büro, in dem ich arbeite, gibt es fünf Leute, vor denen ich Angst habe. Jeder dieser fünf Leute hat Angst vor vier Leuten, also insgesamt vor zwanzig Leuten, und jeder dieser zwanzig Leute fürchtet sich vor sechs Leuten, so daß man auf einhundertundzwanzig Leute kommt, die von wenigstens einer Person gefürchtet werden.«

JOSEPH HELLER in *Something Happened*

Welche Mythen sind in einem Unternehmen lebendig, welche Geschichten und Legenden werden erzählt, welche Ereignisse werden durch Zeremonien besonders hervorgehoben, welche Rituale gibt es, was bedeuten sie, was verbirgt sich hinter ständig wiederkehrenden Symbolen, wer übt kraft Charisma einen entscheidenden Einfluß aus, wer gibt Traditionen weiter, was verrät die Sprache, welche Redewendungen sind typisch, wofür gibt es Begriffe, wann bleibt man sprachlos?

Diese Fragestellungen sind nicht neu. Sie bilden seit Jahrzehnten das Handwerkszeug von Anthropologen, die damit versuchen, die Kultur möglichst wenig zivilisationsgeschädigter Eingeborenenstämme in möglichst entlegenen Gegenden zu analysieren.

Neu und einigermaßen ungewohnt ist dagegen die Vorstellung, daß nüchterne Manager sich ernsthaft mit diesen Fragen im Hinblick auf ihre eigenen Unternehmen beschäftigen. Management als symbolische Aktivität, Kommunikation als organisatorischer Symbolismus, Kooperation als Austausch zwischen Subkulturen oder, weniger abstrakt und seriös, die eigene Firma als Stamm wilder Exoten mit Planstellen für Medizinmänner, Märchenerzähler und Häuptlinge, was heißt das?

Die Zeit scheint gekommen, Organisationen unter kulturellen Aspekten zu entschlüsseln. Immer häufiger werden Organisationen mit dem Begriffsapparat kulturanthropologischer Forschung analysiert.

Das zeigt eine Flut von Veröffentlichungen, die entgegen einer naheliegenden Vermutung nur zu einem gewissen Teil aus dem wissenschaftlichen und damit für viele Betriebspraktiker aus einem eher esoterischen Bereich stammen. Es gibt Fallstudien, praktische Tips, wie man an die Analyse von Unternehmenskulturen herangehen kann, Berichte über ›Cultural-change‹-Projekte und Darstellungen mehr oder minder plausibler Erklärungsmodelle.

Unternehmen mit Weltgeltung denken über ihre Kultur nach; Vorstände, Geschäftsführer und Inhaber – und nicht nur humanistisch orientierte Organisations- und Personalentwicklungsabteilungen – gehen der Frage nach, ob die Wertvorstellungen, die das Unternehmen erfolgreich gemacht haben, überholt sind oder erneuert werden müßten. Warum?

Unsere Gesellschaft erkennt immer deutlicher, daß mit den Rezepten der Vergangenheit die Probleme der Gegenwart und Zukunft nicht mehr zu lösen sind. Wertvorstellungen geraten in Bewegung. Nach einer Untersuchung des Batelle-Instituts aus dem Jahre 1984 werden ehemals als allgemeingültig akzeptierte Wertvorstellungen wie z. B.

- Disziplin,
- Gehorsam,
- Hierarchie,
- Leistung,
- Karriere,
- Effizienz,
- Macht,
- Zentralisierung

zunehmend abgelöst und ersetzt durch Werte wie z. B.

- Selbstbestimmung,
- Partizipation,

- Team,
- Bedürfnisorientierung,
- Entfaltung der Persönlichkeit,
- Kreativität,
- Kompromißfähigkeit,
- Dezentralisierung.

Analog den Differenzen zwischen öffentlicher und veröffent-
lichter Meinung kann heute noch nicht entschieden werden,
inwieweit ein genereller oder nur ein eingeredeter Wertewan-
del stattgefunden hat. Fest steht jedoch, daß die Variations-
breite der vorhandenen Wertvorstellungen und auch die Bereitschaft zugenommen haben, tradierte Vorstellungen zu
hinterfragen:
Was treiben wir hier, ist das wirklich das, was wir wollen?
Was stimmt nicht? Greifen die Methoden, mit denen wir bisher Probleme gelöst haben, auch in Zukunft? Über Wertvorstellungen hinaus wird hier letztlich – leicht philosophisch
überhöht – die Frage nach dem Sinn gestellt.
Eingeschränkt auf den individuellen Bereich, psychoanaly-
tischen Traditionen folgend und unterstützt durch populäre
Methoden der humanistischen Psychologie, wiederholen sich
diese Fragestellungen:
Warum bin ich so, wie ich bin? Was ist für mich wirklich
wichtig? Nach welchem vorbewußten Plan verläuft mein Leben? Warum erreiche ich trotz – oder vielleicht gerade wegen – aller Anstrengungen immer wieder das Gegenteil dessen, was ich möchte? Was mache ich falsch, wie kann ich mir
helfen? Ganz normale Menschen, mit beiden Beinen im Leben stehend, fangen an, sich mit sich selbst zu beschäftigen.

Unternehmen stehen heute vor ähnlichen existentiellen Problemen:

- Vom Erfolg in den vergangenen Jahrzehnten verwöhnt,
  finden sie sich plötzlich in einem harten Verdrängungs-

wettbewerb wieder. Ist der auf dem Markt bereits eingetretene Wandel vom Verteiler- zum Verkäufermarkt auch intern nachvollzogen worden? Wurde der Übergang von der Verwaltungs- zur Verkaufskultur geschafft? Hat man begriffen, daß der eigentliche Unternehmensgegenstand, gleichgültig, was man herstellt oder anbietet, die Produktion von »Service« ist?

- Der internationale Wettbewerb nimmt zu. Auf vielen Märkten dominieren ausländische Anbieter. Die Idee des globalen Marktes macht Furore. Verfügt das Unternehmen unter diesen Bedingungen über genügend Lernpotential, um diese Herausforderungen annehmen zu können? Gelingt der Sprung von der Kreativität zur Innovation? Oder vollzieht sich Produktentwicklung zum Beispiel immer noch in dem Stil, in dem andernorts Rentenanträge geprüft werden?

- Es wird zwar immer wieder betont, daß die Mitarbeiter das wertvollste Kapital des Unternehmens sind. Aber ist dieses Kapital wirklich so wertvoll? Hat man die richtigen Leute? Wo liegen die Ursachen im Unternehmen und nicht in der Persönlichkeit des einzelnen, daß Mitarbeiter so geworden sind, wie sie sind? Für welche Art von Mitarbeitern ist das Unternehmen, so wie es ist, tatsächlich attraktiv?

- Obwohl vom Begriff her psychologisch längst verschlissen, stellt die Motivation von Mitarbeitern in der Praxis immer noch ein ungelöstes Problem dar. Wie lassen sich Mitarbeiter bei fehlendem Wachstum, bei mäßigen oder nicht vorhandenen Entwicklungsmöglichkeiten motivieren? Hat man verstanden, daß die eigene identifizierbare Leistung, die Übernahme von Verantwortung, Anerkennung und Möglichkeiten zu persönlichem sowie fachlichem Wachstum die eigentlichen Motivatoren sind und nicht Druck, Zwang und Angst, auch wenn dies heute noch so sehr von einem kooperativ klingenden Jargon verschleiert werden mag?

Oder in einem Satz: Ist es gelungen, eine unternehmensspezifische Kultur zu entwickeln, die mit den Strategien des Unternehmens in Einklang steht?

Von der Theorie her kann eine Unternehmenskultur auf zweierlei Weise entstehen:

Sie kann gesehen werden als eine unabhängige Variable, d. h., die Kultur ergibt sich aus der Summe der Wertvorstellungen, Normen, Prinzipien und Verhaltensweisen, die die Mitglieder in eine Organisation einbringen.

Diese Annahme ist natürlich nicht völlig falsch. Aber nach einer anderen Lehrmeinung stellt die Unternehmenskultur eine abhängige und interne Variable dar. Danach entwickelt die Kultur im Unternehmen ihre eigene Dynamik – zum Guten wie zum Schlechten hin. Ermuntert durch flexible Organisationsformen, eine Politik der »offenen Tür«, einen lockeren Umgangston, eine Atmosphäre persönlicher Integrität und Glaubwürdigkeit, fangen einstmals »brave« und angepaßte Mitarbeiter an, über sich selbst hinauszuwachsen, eigene Ideen zu entwickeln und diese engagiert und ohne falsche Scheu vor dem Vorgesetzten zu vertreten.

Die Kehrseite der Medaille ist das Heer mittlerer Angestellter, die, weitgehend frustriert und demoralisiert, innerlich gekündigt haben und für die, getreu dem urdeutschen Schlagwort »Dienst ist Dienst, und Schnaps ist Schnaps«, Selbstverwirklichung nur noch im Privaten stattfindet, sei es mangels tatsächlich fehlender Chancen im Betrieb, sei es mangels eigener Zivilcourage.

Dieses Problem des Auseinanderdriftens von Mitarbeiter- und Unternehmenskultur wird zunehmend erkannt. Die ersten Unternehmen ziehen daraus ihre Konsequenzen.

So propagiert BMW eine »werteorientierte Personalpolitik«. Um Wirtschaftlichkeit und Produktivität einerseits und die Orientierung an den Bedürfnissen und Wertvorstellungen der Mitarbeiter andererseits in Einklang zu bringen und somit Konflikte zwischen Organisation und Mitarbeitern zu vermeiden, wurden folgende Leitsätze aufgestellt:

– Eine strategische Personalpolitik muß die Einflüsse aus dem Unternehmensumfeld berücksichtigen.
– Die gesellschaftlichen Entwicklungen und Veränderungen im Menschen sind besonders wichtig.
– Die Wertvorstellungen der Mitarbeiter sind die fundamentale Grundlage ihres Handelns. Deshalb müssen sie bei der langfristigen Gestaltung der Personalpolitik einbezogen werden.
– Folglich müssen Werteveränderungen möglichst frühzeitig erkannt werden. Angestrebt wird eine weitgehende Übereinstimmung der Leitbilder von Gesellschaft, Mitarbeitern und Unternehmen.

Nach Artur Wollert, früher BMW, ist eine werteorientierte Personalpolitik im Berufsalltag gekennzeichnet durch

– eine Orientierung des Verhaltens an ethischen Zielen, mehr Menschlichkeit, Liberalität und Toleranz, Gerechtigkeitsstreben, das Prinzip von Leistung und Gegenleistung, Selbständigkeit und Individualität, Selbstverwirklichung bei der Arbeit, Selbstverwirklichung außerhalb der Arbeit, Status, Macht, Hierarchie, Streben nach sozialen Kontakten, Information und Kommunikation, freie Meinungsäußerung, Sicherheitsstreben, sozialen Nutzen der Arbeit und Demokratie.

Diesem Katalog ist nichts mehr hinzuzusetzen. Selbst bei Zweifeln darüber, ob diese Prinzipien jemals endgültig realisiert und gelebt werden können, ist es bedeutsam, daß diese Grundsätze überhaupt aufgestellt worden sind.
Über die angestrebte Harmonisierung von Unternehmens- und Mitarbeiterkultur hinaus gibt es noch einen weiteren guten Grund, sich mit der Kultur des eigenen Unternehmens zu befassen:
Zwischen der Kultur eines Unternehmens und seinem Erfolg bestehen Zusammenhänge. Und damit wird dieses The-

ma auch für diejenigen interessant, die sich normalerweise eher für Marktanteile, Renditen, Cash-flow, Börsenkurse, Bilanzen, Gewinn-und-Verlust-Rechnungen interessieren.

Charakteristika schnell und langsam wachsender Unternehmen

Worin unterscheiden sich, abgesehen von den Zahlen, schnell und langsam wachsende Unternehmen? Gibt es Merkmale, die weder etwas mit der Branche, der Größe eines Betriebs noch mit Konjunktureinflüssen zu tun haben?

Weil in Deutschland wenig über Betriebsinterna publiziert wird, müssen wir hier auf amerikanisches Material zurückgreifen. Offenkundig ist es Bestandteil der amerikanischen Kultur, sich sehr intensiv mit der Frage zu beschäftigen, was zum Erfolg führt. Und nicht nur das: Über Erfolg, auch wirtschaftlichen Erfolg, darf man sich sogar öffentlich freuen. Wer gut verdient, dem wird nicht, wie in gewissen Kreisen bei uns üblich, automatisch unterstellt, daß ihm das nur über die Ausbeutung von Kunden, Mitarbeitern, der Umwelt, oder wenn dies alles nicht zutrifft, dann wenigstens über eine völlig unreflektierte Selbstausbeutung gelungen ist.

Uns liegt mehr die Lust am Untergang. Eine der führenden deutschen Management-Zeitschriften hat es bis vor kurzem fertiggebracht, Nummer für Nummer eine ›Mismanagement‹-Story, zum Teil unsäglichen Inhalts, zu veröffentlichen. Über die allgemein menschliche Lust an schlechten Nachrichten hinaus, wie von Paul Watzlawick in seiner »Anleitung zum Unglücklichsein« brillant beschrieben, dürften wir es hier mit einem klassischen deutschen Phänomen zu tun haben.

1983 wurde in den USA die Studie »Hay-Report« veröffentlicht. Die Datenbasis, mit der die Beratungsfirma Hay Management Consultants arbeitete, umfaßte 1200 Firmen (Produktion, Banken, Versicherungen, Freizeitindustrie,

Krankenhäuser, Versorgungsunternehmen, Energie-, Pharma-, High-Tech-Unternehmen) mit insgesamt 2,5 Mio. Mitarbeitern. Ausgewertet wurden Untersuchungen, die bis in das Jahr 1975 zurückreichen.

Es ergab sich eine deutliche Zweiteilung, nämlich in Unternehmen, die wachsen, und Unternehmen, die nicht oder nur langsam wachsen, und zwar gemessen an der Umsatzrendite und am Gewinn.

Als schnell wachsend wurden alle Unternehmen (nachfolgend als SWU bezeichnet) eingestuft, die mit ihren Werten über dem Branchendurchschnitt – man hat also nicht Äpfel mit Birnen verglichen – und mindestens 25 % über dem Durchschnitt aller untersuchten Betriebe lagen.

Langsames Wachstum war gleichbedeutend mit Negativwachstum; Umsatzrendite und Gewinn dieser Unternehmen (nachfolgend als LWU bezeichnet) bewegten sich unter dem Branchendurchschnitt und gleichzeitig mindestens 5 % unter dem Durchschnitt aller Betriebe.

Aus der Fülle der Ergebnisse seien folgende Highlights herausgegriffen:

– Zufriedenheit mit der Firma, in der man arbeitet

In den SWU wurden eher partnerschaftliche und positive Einstellungen bei den Betriebsangehörigen ausgemacht. Diese Zufriedenheit nahm mit der Dauer der Betriebszugehörigkeit noch zu. In den LWU waren die mittleren Führungskräfte noch am ehesten zufrieden, während Spezialisten, Schreibkräfte und Mitarbeiter im Stundenlohn deutlich unzufrieden waren.

Bezogen auf die Dauer der Betriebszugehörigkeit wurde hier sogar eine schleichende Frustration über einen langen Zeitraum hinweg festgestellt. Zum Zeitpunkt des Eintritts in die Firma bestanden, was die Zufriedenheit betrifft, zwischen den Mitarbeitern von LWU und SWU keine Unterschiede. In den LWU nahm die Zufriedenheit aber im Schnitt zwanzig Jahre lang immer weiter ab, bis sich die Mitarbeiter mit den bestehenden Verhältnissen offenbar abgefunden hatten. Danach stieg die Zufriedenheit langsam wieder an.

– Sicherheit des Arbeitsplatzes

Für Manager und Mitarbeiter in den SWU stellte die Sicherheit des Arbeitsplatzes kein Problem dar, während in den LWU vor allem die Mitarbeiter Angst hatten. Das als satt und selbstzufrieden geschilderte Management fühlte sich dagegen sicher.

– Betriebstreue

In den SWU war die Absicht, im Unternehmen zu bleiben, bei allen Mitarbeitern mit Ausnahme der Gewerblichen deutlich geringer ausgeprägt als in den LWU. Dort äußerten vor allem die mittleren Führungskräfte den Wunsch, zu bleiben; das waren diejenigen, die sich auch sicher fühlten.

– Qualitätsanforderungen

70 % der Mitarbeiter in den SWU gaben an, daß in ihrem Betrieb auf qualitativ hochwertige Arbeit großer Wert gelegt wird, während es in den LWU nur 45 % der Mitarbeiter waren.

– Glaubwürdigkeit von Informationen und Kontakt zu Mitarbeitern

Beide Aspekte wurden von allen Mitarbeitern in den SWU deutlich höher eingeschätzt als in den LWU.

– Aufstiegschancen

Hier ergaben sich deutliche Unterschiede:
In den SWU ging man davon aus, daß man vor allem
durch gute Leistungen, Übernahme von Verantwortung
und harte Arbeit weiterkomme, während man in den LWU
glaubte, es komme darauf an, die richtigen Leute zu kennen und von der Seniorität her für eine Beförderung an der
Reihe zu sein.

– Prioritäten

Am deutlichsten zeigten sich die Unterschiede bei der Frage, was Führungskräfte und Mitarbeiter aus ihrer Sicht für
wichtig hielten. In den SWU kam es den Mitarbeitern vor
allem auf die berufliche Herausforderung und auf Lern-
möglichkeiten an. In den LWU legte man dagegen Wert
auf Autorität und Sicherheit. Bezogen auf die Gruppe der
›middle managers‹ dominierten in den SWU Wertvorstellungen wie Vorwärtskommen und berufliche Herausforderung, während für die Kollegen in den LWU Macht und
Kontrolle im Vordergrund standen.
    Analog dazu stellte sich die Situation bei den Spezia-
listen dar. Hier standen sich berufliche Herausforderung
und der Wunsch nach mehr Respekt gegenüber. Die Ursache dafür, daß Spezialisten in den LWU mit Respekt behandelt werden wollten, lag darin, daß in diesen Unternehmen den Mitarbeitern nur wenig Achtung und Beachtung
entgegengebracht wurden. Die Schreibkräfte und die Mitarbeiter im Stundenlohn suchten in den SWU Möglichkeiten zum beruflichen Aufstieg; in den LWU war vor allem
die Sicherheit des Arbeitsplatzes gefragt.

Auch wenn einige dieser Ergebnisse nur vor dem amerikanischen Hintergrund, so z. B. die hohe Mobilitätsbereitschaft
der Führungskräfte in den SWU, verstanden werden können,

so tun sich hier doch Gegensätze auf, die auch uns nicht ganz unbekannt vorkommen dürften.

Zufriedenheit, Unbekümmertheit, was die Sicherheit des Arbeitsplatzes betrifft, hohen Qualitätsanforderungen, Vertrauen auf die eigene Leistung, beruflicher Herausforderung und schnellem Vorwärtskommen als Karriereanker stehen Unzufriedenheit, Angst um den Arbeitsplatz oder Sattheit, ein als niedrig erlebter Qualitätsstandard, »Beziehungen«, Autorität, Macht, Respekt und Kontrolle gegenüber. Das ist kein Zufall mehr, und das läßt sich auch nur sehr bedingt durch eine wie immer geartete amerikanische Mentalität erklären.

Zusammengefaßt ergeben sich folgende Unterschiede:

- LWU (langsam wachsende Unternehmen) sind eher macht- und statusbezogene Unternehmen. Die damit verbundene Angst führt zu einer lähmenden Unsicherheit, die Hierarchie wird betont, der Energie- und der Zeitaufwand zur Absicherung der eigenen Position dürften beträchtlich sein. Möglicherweise haben diese Unternehmen zuviel mit sich selbst zu tun.
- SWU (schnell wachsende Unternehmen) sind dagegen eher leistungs- und aufgabenorientiert, die Mitarbeiter sind selbstsicher, sie wissen, daß Leistung zählt und bezahlt wird. Man will vorwärtskommen und etwas lernen. Möglicherweise hat man in diesen Unternehmen mehr Zeit dafür, im eigentlichen Sinne zu arbeiten.
- Beide Arten von Unternehmen ziehen offenbar unterschiedliche Mitarbeiter an: ›hygiene-seekers‹, d. h. Mitarbeiter, die vor allem durch Sicherheit, Respekt und Autorität, also Faktoren der Arbeitsumgebung, zufriedengestellt werden können, und ›motivation-seekers‹,

---

die durch die Arbeitsinhalte und die eigene Leistung motiviert werden.

- Obwohl das vorliegende Material auf Mitarbeiterbefragungen beruht und sich eher mit dem erlebten Betriebsklima befaßt, werden schemenhaft kulturelle Unterschiede sichtbar, auch wenn wir Klima nicht mit Kultur gleichsetzen.

›Corporate culture‹ und Unternehmenserfolg

Aus den USA kommt weiterhin frohe Kunde. Unter dem Stichwort ›corporate culture‹ ist man bei der Frage, warum erfolgreiche Unternehmen erfolgreich sind, schon vor dem Hay-Report immer wieder zu einem übereinstimmenden Ergebnis gekommen:
Über Strategien, klaren Organisationsaufbau, entsprechende Management-Systeme und hochqualifizierte Mitarbeiter hinaus verfügen diese Unternehmen über eine starke Kultur und einen spezifischen Stil, die beide dazu beitragen, Führungspositionen am Weltmarkt zu erlangen und zu bewahren.
Sicherheitshalber sei gleich darauf hingewiesen, daß ein naturwissenschaftlich exakter Nachweis eines Zusammenhangs zwischen Kultur und Erfolg bisher nicht erbracht werden konnte. Es gibt zwar die ersten theoretischen Ansätze dazu, doch dürfte dieser Beweis schon allein aufgrund der Komplexität des Untersuchungsgegenstands nur schwerlich gelingen. Möglicherweise stellt es sowieso einen systematischen Fehler dar, etwas eher intuitiv Erfahrbares wie Kultur naturwissenschaftlich sezieren zu wollen. Schließlich macht es auch wenig Sinn, Leonardo da Vincis »Mona Lisa« anhand der Kriterien eines Flächennutzungsplans zu analysieren.

Das vorhandene Material verfügt statt dessen von seiner Beweiskraft her über eine hohe »Augenscheinwahrscheinlichkeit«.

Relativ am präzisesten sind bisher Terrence E. Deal und Allan A. Kennedy, zwei Professoren der Betriebswirtschaftslehre, vorgegangen. Man hätte sich wohl auch sehr wundern müssen, wenn es anders wäre. Ausgangspunkt ihrer Überlegungen war die Hypothese, daß sich sehr erfolgreiche und herausragende Unternehmen u. a. dadurch charakterisieren lassen, daß sie ihr Handeln an einigen wenigen Grundwerten und Überzeugungen ausrichten, die ihren Ausdruck auch in entsprechenden Slogans finden:

- IBM: »IBM means service«
  (IBM bedeutet Service)
- General Electric:»Progress is our most important product«
  (Fortschritt ist unser wichtigstes Produkt)
- DuPont: »Better things for better living through chemistry«
  (Durch Chemie bessere Produkte für ein besseres Leben)

In der Folge wurden für nahezu achtzig Organisationen (›profit‹ und ›non-profit‹) Profile entwickelt, die auf den Antworten auf folgende Fragen basierten:

- Gibt es im Unternehmen eine oder mehrere sichtbar gelebte Überzeugungen?
- Wenn ja, welche?
- Kennen die Leute im Unternehmen diese Grundwerte, wenn ja, wer? Und wie viele Mitarbeiter kennen sie?
- Wie wirken sich diese Grundwerte im Betriebsalltag aus?
- Wie drücken sich diese Grundwerte im Betrieb aus, wie informiert man darüber, wie werden sie weitergegeben?

– Was wird getan, um Mitarbeiter in ihren Überzeugungen zu bestärken, z. B. im Rahmen der offiziellen Personalpolitik, durch Anerkennung und Belohnung?
– Wie werden die Leistung und die Leistungsfähigkeit des Unternehmens beurteilt?

Die Ergebnisse waren ausgesprochen aufschlußreich:

– Nur bei einem knappen Drittel, d. h. bei 25 aller untersuchten Unternehmen, konnten klar artikulierte Grundwerte und Überzeugungen festgestellt werden.
– Von diesem Drittel wiederum arbeiteten zwei Drittel mit eindeutig qualitativen Wertvorstellungen und Leitsätzen. Bei dem restlichen Drittel dominierten finanzielle Ziele, also quantitative Leistungsstandards.
– Bei den achtzehn Unternehmen mit qualitativen Normen handelte es sich durchgängig um ›outstanding performers‹, d. h. um sehr erfolgreiche Unternehmen und zum Teil Branchenführer; u. a. waren es Firmen wie Caterpillar Tractor, General Electric, DuPont, 3M, Digital Equipment, IBM, Procter & Gamble, Hewlett-Packard, Johnson & Johnson.

Aus diesen Ergebnissen zogen Deal und Kennedy einen naheliegenden Schluß: Erfolgreiche Unternehmen haben eine starke Kultur.

Bei näherem Hinsehen zeigte sich auch, daß diese Unternehmen von starken, wahrscheinlich intuitiv kulturbewußten und mittlerweile zur Legende gewordenen Wirtschaftsführern gegründet und geprägt wurden. Männer wie Thomas Watson (IBM), Edwin Land (Polaroid), Charles Steinmetz (General Electric) oder Alfred Sloan (General Motors) arbeiteten in ihrer Zeit besessen daran, in ihren Firmen eine starke Kultur zu entwickeln.

Ähnliches wiederholt sich heute in den High-Tech-Hochburgen wie Silicon Valley in Kalifornien oder an der Route

128 bei Boston. Man versteht dort etwas von Kultur, Kultur ist kein zufälliges Abfallprodukt, Kultur wird bewußt gelebt und im Unternehmen eingesetzt.

Das eigentliche Verdienst, die Bedeutung der Kultur für den Unternehmenserfolg, zumindest teilweise, erkannt zu haben, gebührt aber Thomas J. Peters und Robert H. Waterman, zwei Unternehmensberatern, die bei ihrer »Suche nach Spitzenleistungen«, d. h. einer Analyse erfolgreicher amerikanischer Firmen (Datenbasis: 62 Unternehmen), u. a. zu dem Ergebnis kamen, daß diese Erfolgsunternehmen sich durch eine handfeste und gelebte Wertorientierung auszeichnen. Die Rede ist hier nicht nur ganz allgemein von Kultur, sondern – bereits etwas präziser formuliert – von gemeinsam getragenen und gelebten Wertvorstellungen.

Die Ergebnisse gleichen sich, und der Trend wird deutlicher: Die erfolgreichen Unternehmen verfügten über einen Satz klar definierter Wert- und Leitvorstellungen. Bei den weniger erfolgreichen Unternehmen (gemessen am kumulierten Vermögenszuwachs von 1961 bis 1980, kumulierten Eigenkapitalwachstum von 1961 bis 1980, Verhältnis zwischen Markt- und Buchwert, an der durchschnittlichen Kapitalrendite von 1961 bis 1980, der durchschnittlichen Eigenkapitalrendite sowie der durchschnittlichen Umsatzrendite von 1961 bis 1980) machte man sich entweder keine Gedanken, d. h. übergreifende Normen fehlten überhaupt, oder man arbeitete mit Vorstellungen, die nicht aufeinander abgestimmt waren. Hier trat auch wieder das Phänomen auf, daß qualitative Standards auf quantitative wie Wachstumsraten und Dividenden reduziert wurden.

Ein schönes Beispiel für paradoxes Verhalten im Management stellt darüber hinaus die Erkenntnis dar, daß ausgerechnet die Firmen, deren Wertvorstellungen sich im Erreichen betriebswirtschaftlicher Zielsetzungen erschöpften, diejenigen waren, die finanziell schlechter abschnitten.

Geld stellt eben keinen Wert an sich dar, sondern ist nur eine Voraussetzung zum Leben. Wahrscheinlicher klingt aber die Vermutung, daß in diesen amerikanischen Unternehmen mit ausschließlich finanziellen Zielsetzungen nur die Firmenspitze motiviert wird, während die Mitarbeiter weiter unten in der Hierarchie an außerordentlichen finanziellen Erfolgen ihrer Arbeitgeber entweder überhaupt nicht oder in der Regel unterproportional beteiligt werden.

In diesem Zusammenhang wurde auch erstmals der Versuch unternommen, eine Erklärung dafür zu finden, warum Firmen mit einer starken Kultur erfolgreicher sind.

Da bei dieser Analyse nur Konzerne und Großunternehmen untersucht wurden, liegt der Gedanke nahe, daß trotz aller Komplexität und einem ständig lauernden Chaos diese Firmen ein Wertesystem leben, das tatsächlich von allen Mitarbeitern getragen wird. Basierend auf ein paar wenigen, leichtverständlichen Glaubenssätzen und grundsätzlichen Zielsetzungen mit hohem Aufforderungscharakter, d. h. hoher Motivationskraft, gelingt es diesen Firmen offenbar, ein starkes gemeinsames Band herzustellen.

Wenn z. B. in einem deutschen Unternehmen alle Mitarbeiter tatsächlich begriffen haben, daß sie in der Dienstleistungsbranche tätig sind und es sich bei ihrem Betrieb nicht um eine Unterbehörde des (natürlich nicht existenten) »Bundesamts für Warenzuteilung« handelt, dann ist auch für große Organisationen schon sehr viel gewonnen. Sind einmal ein paar grundsätzliche Werte bei allen in Fleisch und Blut übergegangen, kommt es nicht so sehr darauf an, sich im Detail akribisch an die Konzernrichtlinien zu halten. Selbst bei erheblichen Abweichungen können alle Beteiligten sicher sein, daß die Richtung nach wie vor stimmt und das, worauf es wirklich ankommt, auch erreicht wird.

Durch eine Einheit in der Vielfalt schaffen starke Kulturen eine Gemeinsamkeit im Grundsätzlichen, die durch eine noch so zentralisierte Führung oder durch immer mehr Rundschreiben, Anweisungen oder noch dickere Arbeitshandbücher nicht erreicht werden kann – oder nur unter massivem Druck und bei ständiger Kontrolle.

Sehr vereinfachtes Fazit: Eine starke und motivierende Kultur ist besser als eine starke, aber demotivierende Reglementierung – oder noch kürzer: lieber zuviel kreatives Chaos als zuviel geordnete Passivität.

Starke und schwache Kulturen

Um es gleich vorweg zu betonen: Jeder Betrieb hat eine Kultur, selbst wenn diese ausschließlich durch gegenseitiges Mißtrauen geprägt wäre. Gelegentlich wird zwar die Lehrmeinung vertreten, daß von Kultur erst dann gesprochen werden kann, wenn eine Gruppe Stabilität erreicht und soziales Lernen stattgefunden hat, man also auf eine gemeinsame Entwicklungsgeschichte zurückblicken kann. Bezogen auf Gruppen, mag das zutreffen, doch nicht mehr auf größere Organisationen, in denen es gleichzeitig Gruppen in unterschiedlichen Entwicklungsstadien und damit Anzeichen für starke und schwache Kulturen gibt.

Unternehmenskulturen sind nicht als monolithische Blökke zu verstehen. In der Realität gibt es in jeder größeren Organisation eine ganze Sammlung von Spielregeln, Normen, Prinzipien, Annahmen und Phantasien über sich selbst und andere, von mehr oder minder versteckten Tagesordnungen und sorgsam kultivierten Differenzierungsritualen, nach denen sich die einzelnen Gruppen verhalten.

Diese Subkulturen – dieser Begriff wird hier wertfrei verwendet – sind geprägt von einzelnen Personen mit gleichartigen Interessen. Subkulturen folgen dabei häufig der Aufbauorganisation des Unternehmens: Bereiche, Abteilungen, Stäbe, die Unternehmensleitung werden unterschiedliche Kulturen haben. Ein entsprechendes Lernpotential vorausgesetzt, entwickeln sich neue Normen und Verhaltensweisen, die ursprünglich von niemandem in die Organisation eingebracht worden sind – eine neue, starke Kultur entsteht.

Eine Kultur als stark zu bezeichnen lädt zu Mißverständnissen ein: stark als dominierend, gewaltig, unsensibel, fassadenhaft, alles aus einem Guß, Gefühle und Stimmungen unterdrückend, nicht lebendig, uniformiert, Grautöne ignorierend, individuelle Unterschiede, Variationen und Nuancen niederwalzend – das ist damit nicht gemeint.

Starke Kulturen, soweit im Augenblick erkennbar, sind eindeutig, offen, lebendig und gelebt.

Eindeutige Kulturen:

Man kann sie daran erkennen, daß man sich im Unternehmen auf einige wenige Grundwerte geeinigt hat, die von allen Mitgliedern einer Organisation verstanden, bejaht und getragen werden.

Inhaltlich kommen in diesen Grundwerten immer wieder zwei Tendenzen zum Ausdruck: Stolz und Stil. Denn in vielen Fällen stellen die Grundwerte ein Programm dessen dar, was man einerseits nach außen, also z. B. auf dem Markt, in der Öffentlichkeit, darstellen und erreichen will. Andererseits haben diese Grundwerte sehr viel mit der Frage zu tun, wie man intern miteinander umgehen will. Eine eindeutige Kultur ist ein entscheidendes Motivationsinstrument: Stolz auf das eigene Unternehmen und das Gefühl, dort aufgrund des praktizierten Umgangsstils gut aufgehoben zu sein.

Der Leistungsaspekt artikuliert sich trotz aller Pannen, Flops und Reklamationen durch das permanent verfolgte Ziel, auf einem bestimmten Gebiet, in einer bestimmten Branche, in einer bestimmten Marktnische Spitzenreiter, Marktführer oder einfach der Beste sein zu wollen – oder wenn dies bereits erreicht ist, diese Position ausbauen und halten zu wollen. Nichts macht so erfolgreich wie Erfolg.

Man weiß, daß es auf Kleinigkeiten ankommt. In der Lehrwerkstatt von Daimler-Benz soll z. B. der Spruch »Das Beste oder gar nichts« an der Wand hängen. Qualität und Service sind unumstößliche Grundwerte. Eine einem Außenstehenden schon fast unwirklich erscheinende Qualitäts- und Service-Besessenheit kann die Folge sein.

Gleichzeitig wird damit einem menschlichen Grundbedürfnis entgegengekommen, nämlich dem Wunsch, in einer Gruppe herausragen zu wollen, vor sich selbst und anderen gut dazustehen. Man will sich absetzen vom Rest der Herde, der Platz an der Spitze macht mehr Spaß als ein Platz im Mittelfeld. Für das Selbstverständnis des einzelnen ist es einfach ein großer Unterschied, ob jemand von sich sagt: »Ich klopfe Autos zusammen« oder: »Ich schaff' beim Daimler.«

Dabei genügt es nicht, daß die Mitarbeiter gelegentlich den Rang der eigenen Firma aus dem Wirtschaftsteil einer Zeitung oder aus irgendwelchen Firmen-Erfolgstabellen entnehmen können. Eine eindeutige Kultur heißt in diesem Falle auch, ständig die Vorstellung zu aktualisieren und bewußtzumachen, daß man zwar einen Spitzenplatz innehat, der aber tagtäglich verteidigt werden muß. Ständige Vergleiche mit dem Wettbewerber sind an der Tagesordnung, vielleicht wird sogar ein wohlerwogenes Feindbild kultiviert. Eindeutige Unternehmenskulturen entwickeln eine starke Eigendynamik, sie immunisieren die Mitglieder einer Kultur und stellen damit eine wesentliche Stütze für das Selbstverständnis dar.

Kennzeichen einer starken Kultur ist es aber auch, daß die Grundwertvorstellungen darüber, wie man miteinander umgehen will, eindeutig sind. Ob nun eine werteorientierte Personalpolitik wie bei BMW oder die schlichte Aussage des Chefs von Tandem-Computers, »Wir gehen davon aus, daß unsere Mitarbeiter erwachsene Menschen sind«, in beiden Fällen steht dahinter die Überzeugung, daß der Mitarbeiter mit seiner Individualität ernstgenommen werden muß. Gerade die Realisierung dieser Maxime fällt vielerorts nicht leicht. Manchmal ist noch nicht einmal klar, was der Begriff »Mitarbeiter« eigentlich bedeutet. Politische, hierarchische und organisatorische Zwänge, Leistungs- und Zeitdruck bis hin zur Demonstration sinnloser Härte tun ein übriges.

Doch ein Bewußtseinswandel scheint sich durchzusetzen. Es gibt heute wohl kein größeres Unternehmen mehr, das dieses Problem nicht erkannt hätte. Führungsgrundsätze werden erstellt, Personalentwicklungsabteilungen eingerichtet, Tausende von Seminaren und Workshops zum Thema »Mitarbeiterführung« durchgeführt, und zur Zeit werden die ersten Gehversuche mit Projekten zur »Organisationsentwicklung« unternommen. Ob damit das Wertesystem eines Unternehmens geklärt und verändert wird, kommt auf den Einzelfall an.

Im Negativfalle läßt sich eine schwache, d.h. in diesem Falle nicht eindeutige, Kultur anhand folgender Symptome erkennen:

– Es gibt keine klaren Wertvorstellungen und gemeinsam getragenen Überzeugungen darüber, wie man in einer bestimmten Branche, in einer bestimmten Situation oder in einem bestimmten Geschäft erfolgreich ist. Hilflosigkeit macht sich breit, man rettet sich in kurzfristige betriebswirtschaftliche Zielsetzungen, langfristige Ziele fehlen, und das Klären einer übergreifenden Unternehmensphilosophie wird als reiner Luxus angesehen.
– Es gibt durchaus Wertvorstellungen und Überzeugungen, aber man kann sich nicht darüber einigen, was im Augenblick richtig, wichtig und gültig ist. Zu einem gravierenden Problem wird dieser Zustand dann, wenn die fehlende Geschlossenheit ihren Ausgangspunkt in der Unternehmensspitze hat. Unstimmigkeiten potenzieren sich und setzen sich in der Organisation nach unten fort. Stellvertreterkriege und verdeckte Kämpfe zwischen den »Hausmächten« können die Folge sein.
– Einzelne Teile der Organisation sind konsensunfähig, es werden grundsätzlich unterschiedliche Auffassungen vertreten, das gemeinsame Band fehlt. Gemeint sind damit vor allem traditionelle Frontstellungen, wie sie zwischen

Stab und Linie, Technikern und Kaufleuten, Marketing und Produktion, Innen- und Außendienst, Regionalorganisation und Zentrale usw. auftreten können.

- Leitfiguren und Rollenmodelle wirken eher demotivierend und tragen nichts dazu bei, das gemeinsame Verständnis darüber zu fördern, was wichtig ist und was nicht.

Dies kann z. B. bedeuten, daß Führungskräfte in exponierter Stellung unbewußt gemischte, d. h. widersprüchliche Botschaften aussenden. In identischen Situationen reagieren sie völlig unterschiedlich. Im Erfolgsfalle wird die Kompetenzüberschreitung eines Mitarbeiters als unternehmerisches Handeln gepriesen, bei Mißerfolg als Disziplinlosigkeit geahndet. Was gilt tatsächlich?

Über diese Fälle hinaus, in denen Mitarbeiter unabsichtlich verwirrt und verunsichert werden, gibt es, zumindest aus der Vergangenheit, betriebliche Erzählungen, deren »Helden« sich durch besondere Brutalität, Rücksichtslosigkeit und Verschlagenheit ausgezeichnet haben. Werden diese Fälle heute noch halb mit Bewunderung, halb mit Ablehnung erzählt, erlaubt dies tiefe Einblicke in die Kultur des Unternehmens.

Offene Kulturen:

Starke Kulturen sind offen, nach innen und nach außen.

Zunächst ein Beispiel für fehlende Offenheit nach innen: In einer Gruppe kann für die Durchführung von Meetings z. B. die unausgesprochene Norm bestehen, daß man sich immer einig sein müsse und Meinungsverschiedenheiten, wenn überhaupt, außerhalb des Meetings ausgetragen werden sollten.

Dem naiven Beobachter böte sich ein harmonisches Bild. Man ist sich schnell einig, kein Wässerchen wird getrübt. Die Gruppe verfügt offenbar über eine starke Kultur. In Wirklichkeit wären Beobachter und Gruppe dem Phänomen des ›group think‹, der »Gruppendenke«, zum Opfer gefallen. Denn fehlende Konfliktbereitschaft, die Unfähigkeit, kontroverse Standpunkte auszudiskutieren, das Unterdrücken von Gefühlen wie Langeweile, Ärger und Enttäuschung, ein krampfhaftes Sachlichbleiben und Kleben am Thema, obwohl man sich schon längst darüber unterhalten sollte, was hier tatsächlich »gespielt« wird – all dies sind keine Merkmale einer starken, offenen Kultur, sondern Zeichen der Schwäche.

Diese und ähnliche Phänomene treten nicht nur bei Gruppen auf, sondern können das Zusammenarbeiten in ganzen Organisationen auf eine sehr indirekte Weise mitbestimmen. Geschlagen von einer Art innerer Blindheit, wird auf Probleme, Konflikte, atmosphärische Schieflagen nicht reagiert, weil nicht sein kann, was nicht sein darf. Offensichtliche Mißstände, manchmal sogar absurde Fehlentwicklungen werden von vielen gesehen, aber niemand spricht offen darüber. Diejenigen, die etwas ändern könnten, erfahren nichts und wiegen sich in falscher Sicherheit.

Diesem Fehlen eines Ventils, diesem Versagen der formellen Kommunikation, kann abgeholfen werden:

- In einigen Unternehmen hat es sich eingebürgert, in regelmäßigen Abständen Mitarbeiterbefragungen zu Themenkomplexen wie Betriebsklima, Führungsstil und Arbeitsbedingungen durchzuführen. Im Schutze der Anonymität haben die Mitarbeiter die Möglichkeit, Unzufriedenheit und Frustrationen zu artikulieren. Entscheidend bei dieser internen Personalmarktforschung ist aber nicht, eine Unzahl von Daten zu produzieren, sondern daraus praktische, von den Mitarbeitern erkennbare Konsequenzen zu ziehen. Eine Befragung, deren Ergebnisse unter Verschluß genommen werden, nachdem sie nur einem ganz kleinen Kreis bekanntgemacht wurden, dürfte ihren Zweck nicht erfüllt haben.

- Wesentlich weniger aufwendig und auf allen Ebenen der Organisation zumindest technisch schnell realisierbar sind alle Versuche, in einen offenen Dialog miteinander einzutreten. Offenheit beginnt beim einzelnen. Ob im Rahmen spontaner Gespräche aus aktuellem Anlaß, bei »Kamingesprächen« mit Vorstandsmitgliedern oder mit Hilfe sorgfältig geplanter Workshops haben alle diese Kontakte zum Ziel, sich über die Art der gegenseitigen Zusammenarbeit auszutauschen und gemeinsam Verbesserungsmöglichkeiten zu suchen.

Bei dieser Gelegenheit kann ein klassisches Problem von Führungskräften gelöst werden: Normalerweise wissen sie zu wenig darüber, wie sie auf ihre Mitarbeiter wirken. Begünstigt wird dieser »blinde Fleck« u. a. dadurch, daß zum etablierten Führungsinstrumentarium zwar seit vielen Jahren die Mitarbeiterbeurteilung zählt, also eine Form der institutionalisierten Offenheit von oben nach unten, aber das Gegenstück, um diese Einbahnstraße aufzuheben, die Beurteilung von unten nach oben, fehlt weitestgehend. Die vor Jahren im Gefolge der Humanisierungswelle unternommenen ersten Gehversuche sind mittlerweile versandet. Die Vorgesetztenbeurteilung durch Mitarbeiter ist heute kein Thema mehr.

Mit dazu beigetragen hat der Umstand, daß es in einer Hierarchie Offenheit, und sei sie noch so selektiv, häufig nicht gibt. Im Sinne von »Wir sind jetzt alle ganz offen und ehrlich – und Sie fangen damit an!« ist Offenheit eben keine Voraussetzung für derartige Gespräche, sondern oft das mühsam erarbeitete Ergebnis. Eine neue, offenere Kultur entwickelt sich nur allmählich.

Um es zu wiederholen: Offenheit nach innen genügt nicht. Starke Kulturen sind auch sensibel nach außen, d. h. offen gegenüber dem Markt und der Gesellschaft.

Denn gerade Unternehmen mit einer starken und selbstbewußten Kultur laufen Gefahr, daß aus Stärke zunehmend

Ignoranz wird. Getragen durch den eigenen, seit Jahren anhaltenden Erfolg, entwickelt sich in Abständen von fünf bis zehn Jahren regelmäßig eine gewisse Selbstzufriedenheit und Taubheit gegenüber Kritik von außen, die man den Kunden auch spüren läßt. Ob nun ein Direktor eines namhaften Automobilherstellers von den Käufern, die nicht regelmäßig seine Marke kaufen, als »Laufkundschaft« spricht oder ob die Mitarbeiterin einer deutschen Fluggesellschaft auf die Frage nach der Check-in-Zeit eines Fluges mit den Worten: »Ab achtzehn Uhr lassen wir einsteigen« reagiert, der Effekt ist derselbe: Zurück bleibt ein sprachloser Kunde, der soviel Arroganz erst einmal verarbeiten muß.

Die Schuld dafür bei dem einzelnen zu suchen wäre völlig verfehlt. Bei Unternehmen in diesem Stadium wird ein Phänomen deutlich, das gelegentlich auch als »Entropie der Organisation« bezeichnet wird: eine deutliche Tendenz in der Organisation, mit Anstrengungen nachzulassen, Energie zu verlieren, den eigenen Erfolg für selbstverständlich zu halten, ihn als sich nie verlangsamendes Perpetuum mobile zu sehen. (Der Begriff »Entropie« entstammt eigentlich der Physik. Nach dem »Zweiten Hauptsatz der Thermodynamik« entwickelt sich jedes beliebige isolierte physikalische System spontan in Richtung zunehmender Unordnung. Der Zustand maximaler Entropie wird auch als »Wärmetod« bezeichnet.)

In einer Umwelt, die sich ständig ändert, verliert das Unternehmen die Kraft, sich zu ändern. Ein Drittel der Unternehmen, die 1982 von Peters und Waterman in ihrem Bestseller *Auf der Suche nach Spitzenleistungen* als »exzellent« herausgestellt wurden, befinden sich mittlerweile in Schwierigkeiten.

Entropie der Organisation bedeutet häufig auch, daß sich das Unternehmen von seinem Selbstverständnis her nach außen abschottet. Einem geschlossenen System gleichend, verhält es sich zunehmend wie ein autistischer Mensch mit seiner eigenen »Privatlogik«: Er ist nicht mehr ansprechbar, Reaktionen der Umwelt erreichen ihn nicht mehr, Feedback wird ignoriert, die wichtigste Basis für die Orientierung im Leben und für das Überleben entfällt.

Eine offene Kultur bedeutet auch Offenheit gegenüber der Gesellschaft. Gesellschaftlichen Entwicklungen Rechnung zu tragen fällt vielen Unternehmen ausgesprochen schwer. Man verläßt sich hier lieber auf den Gesetzgeber.

So ist z. B. seit langem bekannt, daß die wichtigste und kleinste Einheit der Gesellschaft, die Familie, der beruflichen Karriere an Bedeutung längst den Rang abgelaufen hat.

Vor die unfaire Alternative ›family man‹ oder ›company man‹ gestellt, sprechen stark belastete Führungskräfte heute offen von einem Zweifrontenkrieg zwischen »Firma« und »Familie«. Anregungen, die Familie, besonders die Ehefrauen, verstärkt zu integrieren, sie zu betrieblichen Veranstaltungen und Seminaren einzuladen, verlaufen häufig im Sande. Die Familie und die Konflikte, die sich aus der beruflichen Überbeanspruchung z. B. des Vaters ergeben, bleiben – wohl auch aus der Sicht der unmittelbar Betroffenen – Privatangelegenheit des einzelnen.

Lebendige und gelebte Kulturen:

Zunächst einige Beispiele dafür, wie es *nicht* sein sollte:

- Vor vielen Jahren soll es in einem deutschen Konzern folgendes Rundschreiben gegeben haben: »Auf Beschluß des Vorstands wird bei uns ab 1. Januar der kooperative Führungsstil eingeführt.«
- Ein Unternehmen gibt z. B. die Devise aus, daß man in Zukunft auf Kreativität und Innovation besonderen Wert legen werde. In der Praxis aber stoßen Ideen und Vorschläge nach wie vor auf erhebliche Widerstände. Der Ideenträger muß sich auf endlose Diskussionen gefaßt machen, seine Idee droht zerredet und zu Tode analysiert zu werden

(»Paralyse durch Analyse«). Die tatsächlich geltenden Normen müßten daher eher lauten:
- Vorsicht bei Vorschlägen!
- Eine Idee muß von vornherein »wasserdicht« ausgearbeitet sein, um eine Chance zu haben.
- Bei neuen Ideen ist es besser, als zweiter damit schnell zu sein, statt als erster damit zu scheitern.

- In einem Unternehmen wird partnerschaftliches Verhalten propagiert. Es werden entsprechende Grundsätze aufgestellt, das erwünschte neue Verhalten wird in Seminaren trainiert. Befördert werden aber nach wie vor diejenigen, die es verstehen, sich autoritär durchzusetzen.

Allen drei Beispielen ist gemeinsam, daß man etwas anderes tut, als man sagt. Wert- und Verhaltensebene klaffen auseinander, das Verhalten ist paradox, man erreicht das Gegenteil dessen, was man zumindest »offiziell« möchte.

Wertvorstellungen und Überzeugungen, die nicht konkret gelebt werden, laufen Gefahr, als bloße Lippenbekenntnisse registriert zu werden. Dies erklärt zum Teil auch das Schubladendasein vieler Führungsrichtlinien. Mitarbeiter spüren instinktiv, daß das, was auf dem Papier steht, zwar gut gemeint ist, aber nicht stimmt. Sie orientieren sich an dem, was ihnen vorgelebt wird.

Für eine Kultur ist es daher entscheidend, was auf der Verhaltensebene geschieht. Erfolgreiche Unternehmen leben ihr Wertesystem, d.h., das Topmanagement als das Rollenmodell par excellence lebt das Wertesystem vor, in Reden, Kontakten mit Kunden und Mitarbeitern, in innerbetrieblichen Mitteilungen und durch ein entsprechend sichtbares Management. Wertesystem, Normen und konkretes Verhalten stimmen überein.

Um paradoxem Verhalten, das kein Phänomen ausschließlich betrieblichen Zusammenwirkens ist, auf die Spur zu kommen, bedarf es eines erheblichen psychologischen Gespürs und eines klaren Verstandes. In den USA gibt es die ersten firmeninternen Trainings mit dem einzigen Ziel, Wertvorstellungen und Verhaltensweisen bis in das letzte Detail zu harmonisieren.

Die Organisation als Mechanismus oder als Organismus?

Über diese Frage entbrennt zunehmend ein Streit, der reichlich akademisch anmutet. Worum geht es?

Unter eher mechanistischen Aspekten werden Organisationen als Instrumente gesehen, die Aufgaben zu erfüllen haben und die, aus vielen Teilen bestehend, auf maximale Effizienz ausgerichtet sind. Tendenziell geht man davon aus, daß nur dann etwas funktioniert, wenn es vorher geregelt wurde. Festgelegte Ordnungen dominieren. Organigramme, Führungshandbücher, Stellenbeschreibungen, ›procedures‹ und Dienstanweisungen spielen eine große Rolle. Die Grenzen zwischen dem Regeln und dem Reglementiertwerden verlaufen subjektiv gesehen häufig fließend, denn diejenigen, für deren Arbeit Regeln aufgestellt werden, sind nicht immer identisch mit denjenigen, die die Regeln verabschieden.

Und damit haben wir eine Quelle erheblicher Selbsttäuschungen identifiziert. Gemäß dem erkenntnispraktischen Grundsatz »The map is not the territory« ist eine Landkarte ebensowenig identisch mit dem Gebiet, das auf ihr abgebildet ist, wie ein Organisationsplan mit einem Unternehmen. Wie es sich dort lebt, wie eine Organisation sich selbst inszeniert, wie man dort zusammenarbeitet, wo die eigentlichen Macht- und Energiezentren liegen, darüber verrät ein Organigramm so gut wie nichts.

Bei einer eher organischen Optik kämpfen Organisationen in einer sich ständig ändernden Umwelt um das Überleben. Organisationen werden daraufhin untersucht, wie sie mit Interdependenzen fertig werden, wie es ihnen gelingt, über die eigenen Systemgrenzen hinaus zu wirken und sich mit anderen Systemen (z. B. Gesellschaft, Gesetzgeber u. ä.) auszutauschen. In einer instabilen Umgebung stehen klare und übergreifende Wertvorstellungen, flexible und lebendige Organisationsformen, die entwicklungsfähige, lernbereite und wandelbare Einzelpersönlichkeit im Vordergrund.

Auf die Frommsche Formel vom »Haben oder Sein« reduziert, »hat« unter mechanistischen Gesichtspunkten eine Organisation eine Kultur, unter organischen Aspekten »ist« sie eine Kultur. Zwar lassen sich beide Betrachtungsweisen nur auf dem Papier scharf voneinander trennen, doch ihre Auswirkungen in der Praxis sind deutlich spürbar, und zwar vor allem dann, wenn ein Unternehmen vor Schwierigkeiten und wesentlichen Veränderungen steht.

Sieht man eine Organisation mehr als Mechanismus, können Energie und die Initiative, Änderungsprozesse einzuleiten, nur von außen oder von oben kommen, wobei sich »außen« und »oben« häufig miteinander verbünden. Da unausgesprochen davon ausgegangen wird, daß das Unternehmen und seine Mitarbeiter sich nicht aus eigener Kraft ändern können, engagiert man Berater von außen, die manchmal jahrelang tätig werden und das Unternehmen in eine neue Abhängigkeit bringen.

Noch heute löst das Auftauchen bestimmter Beratungsfirmen bei den betroffenen Führungskräften und Mitarbeitern Angst und Schrecken aus. Eine typische Reaktion bestand zumindest in der Vergangenheit in einer Art von Totstellreflex: die Zeit schien stehenzubleiben, Entscheidungen wurden verschoben, neue Projekte blieben liegen, das Leben teilte sich z. B. in eine Zeit vor und in eine Zeit nach der »Gemeinkostenwertanalyse«. Schlimmstenfalls profilierten sich die Berater als »Ausputzer«, die nach getaner Arbeit wieder von der Bildfläche verschwanden. Eine Kultur wurde zwangsweise verändert, die Betroffenen waren bei diesem Prozeß bestenfalls Statisten, aber nicht Akteure.

Wenn wir etwas genauer hinsehen, dürfte man mit dieser Vorgehensweise – ungewollt – vielen Betroffenen einen Gefallen getan haben. Hatte man schon früher Mißstände und Fehlentwicklungen nicht in eigener Regie korrigiert und damit indirekt signalisiert, daß man sich eigentlich nicht verantwortlich fühlte, brauchte man nach einer mehr oder minder zwangsweisen Umorganisation wiederum keine Verantwortung zu übernehmen. Schließlich waren die Veränderungen dem Unternehmen von außen aufgepfropft worden – psychologisch gesehen: ein Nullsummenspiel.

Ganz anders wird dagegen bei einer neuen Strategie verfahren, die sich das alte therapeutische Motto »The power is in the patient« an das Banner geheftet hat. Die Kraft steckt im Patienten, auch wenn er im Augenblick einen eher scheintoten Eindruck macht. Die Organisation wird als lebendiger Organismus verstanden, der notfalls zum Leben erweckt werden muß.

Organisatorische Veränderungen sind häufig mit Schmerzen verbunden. Altgewohntes muß aufgegeben werden, Neues bietet sich zwar an, ist aber mit Risiken behaftet. Halbwegs erträglich wird der damit zusammenhängende Leidensdruck erst dann, wenn aus den Betroffenen Beteiligte werden, wenn man anfängt, über die Probleme zu reden, die man gemeinsam hat.

Ein schönes Beispiel dafür ist die Entwicklung der Bayerischen Hypotheken- und Wechsel-Bank in München. Über Jahre kraß autoritär geführt, galt sie ursprünglich als verkrustete, verschlafene und orientierungslose bayerische Bauernbank. Als eine der Ursachen wurde ein erhebliches Kommunikationsdefizit zwischen dem Vorstand und dem Rest der Organisation diagnostiziert. Von oben wurde weitgehend per Anweisung regiert, von unten drangen nicht mehr als Vollzugsmeldungen nach oben durch.

Auch hier hätte jetzt die Chance bestanden, die Organisation auf den Kopf zu stellen, eine Flut neuer Organisationspläne zu zeichnen und der Bank von oben oder von außen eine neue »kooperative« Organisation – von der Vorgehensweise her allerdings leider wieder autoritär – zu »verpassen«.

Statt dessen bestand eine der ersten Maßnahmen, das Institut zu aktivieren, darin, den Dialog zwischen Vorstand und zweiter Ebene in Gang zu bringen. Eine gemischte Kommission aus Internen entwickelte eine Gesamtbankstrategie, ein für ein deutsches Unternehmen avantgardistisches geschlossenes System von Unternehmens- und Führungsgrundsätzen, mit unmißverständlichen Zielsetzungen und den dazugehörigen Instrumenten. Tabus wurden abgebaut, es gibt immer mehr unternehmerisch denkende Mitarbeiter, niemand redet mehr dem Vorstand nach dem Munde – eine neue Kultur entsteht, und zwar aus eigener Kraft.

2. Wie eine Abteilung an der Unternehmenskultur scheitert: Fallstudie Mercury

> »Vertraue auf Gott – aber binde zuerst dein Kamel fest.«
>
> MOHAMMED, 570–632

Fallstudien haben den unzweifelhaften Vorteil, den Leser zum direkten Zeugen eines betrieblichen Geschehens zu machen, ohne auf Anhieb eine Analyse mitzuliefern. Um in der Tradition zu bleiben – schließlich wird die ›case study‹ seit Jahrzehnten an der Harvard Business School als Lehr- und Lerninstrument kultiviert –, handelt es sich bei unserer Fallstudie sicherheitshalber um ein amerikanisches Unternehmen, was nicht ausschließt, daß Parallelen zu deutschen Betrieben auftreten können.

Der Fall:

Die (fiktiv hier so genannte) Mercury Corporation, ein Unternehmen der chemischen Industrie, war in den 20er Jahren gegründet worden. Da man sich ursprünglich mit nur einer einzigen Produktlinie befaßt hatte, gehörte Mercury zu den ersten Betrieben in der Branche, die eine Abteilung Forschung und Entwicklung (F + E) einrichteten. Über die Jahrzehnte hinweg gelangen eine Reihe von Neuentwicklungen, mit denen man auf vielen Anwendungsgebieten erfolgreich Fuß fassen konnte. Entsprechend war das Unternehmen gewachsen; Mitte der 60er Jahre erzielte es einen Umsatz von über 5 Mrd. Dollar.

Damals begann das Topmanagement, vor allem ausgerichtet auf steigende Wachstumsraten, sich Sorgen um eine »nachlassende Vitalität« im Unternehmen zu machen. Als Quelle dieses Problems wurde die abnehmende Fähigkeit der Abteilung F + E diagnostiziert, den Sprung von der Kreativität zur Innovation zu schaffen, d. h., neue Produkte zu kreieren, die die Basis für neue Geschäfte sein könnten. Obwohl F + E von anderen Abteilungen abhängig war, die oft zögerten, das Risiko neuer Produkte und Verfahren einzugehen, etikettierte man diese Schwierigkeiten bei der kommerziellen Umsetzung von Neuentwicklungen als »unternehmerisches Loch« bei F + E.

Die Lösung des Problems bestand in der Gründung einer New-Business Division, die nicht nur dafür da war, neue Technologien zu entwickeln, sondern auch dafür, diese auf dem Markt einzuführen und zu verkaufen. Im Erfolgsfalle sollte die Neuentwicklung dann bestehenden Abteilungen übertragen werden, die nicht mehr das Risiko einer Neueinführung tragen mußten und von daher auch keinen Grund hatten, sich neuen Technologien zu widersetzen.

Als Anfang der 70er Jahre die Wachstumsraten bei Umsatz und Gewinn sanken, entschloß sich das Topmanagement zu einer Dezentralisierung. Es wurden halbautonome Divisions gegründet mit eigenen Geschäftsleitern, die man die »Barone« nannte.

Mitte der 70er Jahre bestand die New-Business Division (NBD) zehn Jahre. Inzwischen waren 20 Mio. Dollar ausgegeben worden, ohne daß es gelungen war, einen nennenswerten neuen Geschäftszweig zu entwickeln. Die NBD wurde zwar vom Topmanagement nicht offen kritisiert, doch die Leute in der NBD fühlten sich allmählich unwohl, und man rief einen externen Berater. Bei dessen Interviews ergaben sich unterschiedliche Sichtweisen des Problems:

– »Es handelt sich um eine unternehmerische Schwäche; offensichtlich können wir mit Geld besser umgehen als mit neuen Technologien.«

- »Wir sind eingeengt durch unseren Organisationsplan. Das Topmanagement sollte uns mehr Freiheit geben, so daß wir direkter mit den anderen Divisions zusammenarbeiten können.«
- »Wir haben den Weg des geringsten Widerstands gewählt. Wir brauchen mehr Mut, um die Geschäftsrisiken zu tragen, die wir tragen sollten.«
- »Wir sollten viel mehr von dem tun, was wir auch in der Vergangenheit gemacht haben. Nur mit mehr Kreativität. Wir müssen viel mehr experimentieren.«

Diese Ansichten wurden nur privat zwischen Kollegen, aber nicht öffentlich geäußert. Eine Diskussion hatte nie stattgefunden.

Der Berater schlug seinen Klienten, dem Vizepräsidenten für Technologie, dem Forschungsdirektor und den Mitarbeitern der New-Business Division vor, Fallstudien über Erfolge und Mißerfolge der letzten zehn Jahre zu schreiben.

Es macht nicht viel Spaß, »Pleiten« detailliert zu beschreiben. Die Mißerfolge waren gut vergraben, über Ursachen war nie gesprochen worden. Viele Leute erinnerten sich jeweils an Teile dieser Flops, aber es gab kein gemeinsames Bild, mit dem alle übereinstimmten. Statt dessen hatten sich Mythen entwickelt: »Gute Ideen kommen von oben« oder »Eine gute Idee setzt sich allein durch«.

Es kam zu Verwechslungen: Geschäftliche Erfolge waren auf gute Ideen zurückzuführen, Mißerfolge auf schlechte. Die Qualität der Ideen, die mit Mißerfolgen verbunden waren, hatte man nie mit der Qualität der Ideen verglichen, die zu kommerziellen Erfolgen führten, die den einzigen Maßstab für die Beurteilung neuer Ideen darstellten. Da das Topmanagement nur Erfolge unterstützte, war es ganz natürlich, daß man glaubte, gute Ideen kämen ausschließlich von oben.

Trotz allem gelang es dem Berater, folgende Fallstudie über einen »Erfolg« zu erstellen:

In der Division für Harze war ein neuer Fertigungsprozeß

entwickelt worden, mit dem die Abteilung selbst nichts anfangen konnte. Für den Forschungsdirektor sah es aber so aus, daß das neue Verfahren in der Textil-Division eingesetzt werden könnte.

Anfänglich war es für die Abteilung Harze nicht erkennbar, daß sie Kunden verlieren würde, denn durch das neue Verfahren, eingesetzt im Textilbereich, würde das Unternehmen mit Kunden der Harze-Division konkurrieren.

Trotz erheblicher personeller Engpässe beteiligte sich die Abteilung Harze sogar an einer ›Feasability‹- (Durchführbarkeits-)Studie, und das neue Verfahren wurde vom Textilbereich übernommen. Der Vorstandsvorsitzende stand hinter dem Projekt, er machte zusätzliche Mittel locker und ebnete den Weg. Zudem hatte ein Großkunde noch angekündigt: »Wenn ihr das schafft, dann kaufe ich es.«

Andere »Erfolge« verliefen nach ähnlichem Muster. Um Neuentwicklungen zu realisieren, mußte aufgrund der bestehenden Organisation etablierten Divisions etwas weggenommen werden. Diese widersetzten sich natürlich diesem Vorgehen, auch wenn es für das Unternehmen insgesamt von Vorteil gewesen wäre. Man wußte, wie es der Abteilung Harze ergangen war. Mit Parolen wie »In jeder erfolgreichen Ehe gibt es mindestens einen Partner, der nicht mitmachen will« tröstete man sich.

In Notfällen mobilisierte man das Topmanagement, das die Welt in Sieger und Verlierer teilte. Das Muster bei Mißerfolgen wurde ebenfalls weitgehend vom Topmanagement bestimmt. Neue Geschäftsmöglichkeiten wurden bemessen an den Umsätzen und Größenordnungen, die man in etablierten Bereichen erzielt hatte. Diese Ergebnisorientierung führte häufig dazu, neue Geschäftsideen abzulehnen.

Ein weiteres Kriterium bestand darin, daß neue Ideen zum bisherigen Geschäft passen mußten. Selbst vom Volumen her vielversprechende Ansätze wurden abgelehnt, wenn die Topmanager das Gefühl hatten »Das paßt nicht zu uns« oder »Das ist uns zu fremdartig«.

Ohne die Unterstützung des Topmanagements fehlte die Energie, neuen Projekten zum Erfolg zu verhelfen. Man ließ sie fallen und schob die Schuld dafür auf schlechte Ideen oder auf jemand, der sich bei dieser Gelegenheit als unfähig erwiesen hätte. In der Folge versuchten gerade die besten Köpfe in der Technik, mit diesen Projekten nichts mehr zu tun zu haben. Wen es trotzdem erwischte, der entwickelte ein ausgeprägtes Verlierer-Syndrom.

Zwischenbilanz

Die Absicht, die Produktivität in Forschung und Entwicklung zu erhöhen, führte zur Gründung der New-Business Division (NBD). Als Folge des erheblichen Wachstums des Unternehmens wurde das Management dezentralisiert. Von den bei dieser Gelegenheit halb autonom gewordenen Divisions erwartete man deutliche Gewinne. Die Bereitschaft, Teile des eigenen Geschäfts für das große Ganze zu opfern, war ausgesprochen gering.

Da Neuentwicklungen auf Anhieb ein großes Geschäftsvolumen bringen und darüber hinaus zur bisherigen Produktpalette passen sollten, ergaben sich vielversprechende neue Geschäftsmöglichkeiten nur durch Zusammenlegung oder Neukombination von Teilen bestehender Divisions, deren »Barone« immer zurückhaltender wurden und die bei diesen Verlierer-Spielen nicht mitmachen wollten.

Mißtrauisch von den anderen Abteilungen beäugt, entwickelte die New-Business Division eine Art Inseldasein. Um Konfrontationen mit den bestehenden Divisions zu vermeiden, konzentrierte sich die NBD auf Produkte, die außerhalb der Tätigkeitsbereiche der anderen Divisions lagen. Diese Neuentwicklungen waren aber dem Topmanagement entweder zu »fremdartig«, oder das mögliche Geschäftsvolumen wurde als zu gering eingestuft.

Die New-Business Division mußte scheitern.

Folgerungen

Der Fall »Mercury« lädt geradezu ein, ihn anhand der im vorigen Kapitel beschriebenen Kriterien für starke Kulturen zu analysieren:

Eindeutige Kultur:

Die Dezentralisierung des Managements führte zu halbautonomen Divisions mit einer eindeutigen Ertragsverantwortung. Es liegt in der Natur einer derartigen Umorganisation, daß die Divisions konsequenterweise ein ausgeprägtes Eigenleben entwickelten und sich gegen alle Eindringlinge von außen schützten. Im Deutschen gibt es dafür den treffenden Begriff »Abteilungsegoismus«.

Mit der Gründung der New-Business Division reagierte das Topmanagement auf ein Phänomen, das es als »unternehmerisches Loch« bezeichnete. Die NBD sollte ursprünglich neuen Projekten zum Erfolg verhelfen, um sie dann an bestehende Divisions abzugeben.

Um nicht in Konflikte zu geraten, verlegte sich die NBD darauf, neue Möglichkeiten außerhalb bestehender Bereiche zu suchen. Gleichzeitig wurde immer deutlicher, daß das Topmanagement neue Geschäftsmöglichkeiten nur dann akzeptierte, wenn sie im Rahmen bisheriger Geschäfte lagen. »New Business« konnte von daher nur durch die Zusammenlegung von Teilen bestehender Abteilungen entstehen. Dies wiederum vertrug sich nicht mit deren halbautonomem Status und Ertragsverantwortung.

Die pauschale Botschaft des Topmanagements in Richtung wachsender Umsätze und Gewinne war zwar eindeutig, doch führte sie für die NBD zu einem Dilemma, einer ›Double-bind-Situation‹: Was immer man tat, es war falsch.

49

Offene Kultur:

Hier dürfte das Hauptproblem liegen; die Offenheit nach innen fehlte, das Unternehmen war nicht in der Lage, sein eigenes Problem selbst zu erkennen.

Der Berater wurde erstmals hellhörig, als er fragte, warum der Abteilung Harze niemand gesagt hatte, daß sie Kunden und Marktanteile verlieren werde, wenn das von ihr entwickelte neue Fertigungsverfahren im Textilbereich zum Einsatz käme. Als Antwort sagte man ihm, daß dann die Abteilung nicht mitgemacht hätte.

Wie schon erwähnt, gestaltete sich das Zusammenstellen der Erfolgs- und Mißerfolgsgeschichten ausgesprochen mühsam. So genau wollte das eigentlich niemand wissen. Vage Angaben und Widersprüchlichkeiten wurden als normal hingenommen. Ein Tabu war wirksam, das sich auf folgende unausgesprochene Normen in der Organisation stützte:

- Begrabene Mißerfolge soll man nicht ausgraben.
- Behalte deine Ansichten über heikle Vorkommnisse besser für dich; verstärke eher das Tabu, offen darüber zu reden.
- Führe keine offenen Diskussionen über kontroverse Ansichten zu Problemen des eigenen Unternehmens.
- Vermeide es, dir ein umfassendes Bild von einem Problem zu machen; es macht nichts, wenn die entsprechenden Informationen weit verstreut, ungenau und widersprüchlich bleiben.
- Der einzige Standpunkt, der zählt, ist der deiner Division.

Dahinter können sich tiefergehende individuelle Annahmen über sich selbst und andere verbergen:

- Beschütze dich dadurch, daß du direkte persönliche Konfrontationen und die öffentliche Diskussion heikler Angelegenheiten nach Kräften vermeidest.
- Beschütze andere dadurch, daß du ihre Standpunkte nicht

konfrontierst, was bei diesen dazu führen könnte, daß sie sich schlecht und blamiert fühlen.

– Kontrolliere die Situation dadurch, daß du dir zwar deine eigene Meinung bildest und danach handelst, aber deine Meinung für dich behältst, um eine öffentliche Diskussion zu vermeiden.

Lebendige Kultur:

Lebte das Topmanagement das, was es predigte?

Nein! Eine NBD zu gründen, um sie anschließend darauf zu reduzieren, vorhandene Geschäftsmöglichkeiten zu einem neuen Puzzle zusammenzustellen, stellt einen Widerspruch in sich selbst dar. Man wollte zwar neue Geschäfte, aber nicht die damit normalerweise verbundenen Risiken. Wasch mir den Pelz, aber mach mich nicht naß!

3. Die Wolke: »Weich« ist »hart« in erfolgreichen Unternehmen

»Was sich überhaupt sagen läßt, läßt sich klar sagen; und wovon man nicht reden kann, darüber muß man schweigen.«

Ludwig Wittgenstein, 1921

»I am still confused but on a much higher level.«

Häufige Selbsterfahrung

»Kultur« ist ein Begriff, der einigermaßen pompös und luxuriös mit einem großen Gefolge weiterer Konzepte einherschreitet, die nur halbwegs deutlich machen, was dieser Begriff meint. Entlehnt aus der Anthropologie, gibt es auch dort nach wie vor keine Übereinstimmung darüber, was Kultur bedeutet.

Wolkige Definitionen eines wolkigen Begriffs

Wären Gründlichkeit und Exaktheit nicht Grundpfeiler gelebter deutscher Kultur, könnten wir uns die Arbeit sparen, den Begriff »Unternehmenskultur« zu definieren. In den USA ist ›corporate culture‹ bereits in die Umgangssprache eingegangen; unausgesprochen wird davon ausgegangen, daß jeder weiß, was damit gemeint ist. Die folgenden Definitionen werden dem Leser nicht viel an Erkenntnisgewinn bringen, aber sie werden vielleicht etwas viel Interessanteres auslösen, nämlich Neugier. Denn ein erheblicher Teil der Definitionen klingt doch einigermaßen geheimnisumwittert.

Bei Lutz von Rosenstiel, einem deutschen Psychologieprofessor, wird der Begriff »Unternehmenskultur« stark geprägt von verinnerlichten Normen, die sehr wohl verhaltensbestimmend, aber möglicherweise gar nicht bewußt und somit über Befragungen nicht meßbar sind. Schade!

Richard Tanner Pascale und Anthony G. Athos, zwei amerikanische Betriebswirtschaftsprofessoren, kommen bei einer sehr tief gehenden Analyse japanischer und amerikanischer Großunternehmen zu »übergeordneten Zielen« und »spirituellen Werten«, die in Japan ihre Wurzel im Zen-Buddhismus haben.

Der in den USA lehrende Japaner William Ouchi entwickelte in Anlehnung an Douglas McGregors X- und Y-Theorie eine Theorie Z. Für Ouchi besteht Kultur aus einer Sammlung von Symbolen, Zeremonien und Mythen, die den Mitgliedern einer Organisation die wesentlichen Wertvorstellungen und Überzeugungen vermitteln.

Robert F. Allen und Charlotte Kraft, ein amerikanischer Unternehmensberater und eine Journalistin, dem organisatorischen Unbewußten verhaftet, definieren Kultur als eine in Gruppen und Organisationen mehr oder minder überdauernde Kräftekonstellation, die die Mitglieder einer Gruppe veranlaßt, spezifisch in Richtung definierter Ziele zu reagieren.

Deal und Kennedy, die beiden schon erwähnten Professoren, befassen sich – weniger anstrengend – vor allem mit der Bedeutung von Riten, Ritualen und Helden bei der Entstehung von Kultur. Ihre Ausführungen sind verkäuferisch stark formuliert und stellenweise ausgesprochen kernig. Auf sie dürfte aber auch die Kritik von Kathleen C. Gregory zutreffen, die sich darüber beklagt, daß hier das Studium der Unternehmenskultur reduziert wird auf eine Erörterung der informellen oder »bloß« sozialen oder symbolischen Seite des Unternehmensalltags. Diese modische Konzentration auf Rituale, Geschichten, Jargon sagt natürlich sehr viel über die Kultur der Autoren aus.

Unter dem Stichwort »sichtbar gelebtes Wertesystem« berichten die beiden Berater Peters und Waterman über die Bedeutung klarer Wertvorstellungen in erfolgreichen amerikanischen Unternehmen. Innerhalb der von ihnen gefundenen acht Erfolgskriterien der »bestgeführten Unternehmen« rangiert das Wertesystem auf Platz 5.

Mittlerweile sollte aber immer klarer werden, daß das Wertesystem eines Unternehmens das Kriterium schlechthin darstellt, unter das sich alle weiteren Erfolgsmerkmale wie Primat des Handelns, Nähe zum Kunden, Freiraum für Unternehmertum usw. subsumieren lassen.

Verständlicher wird diese Verschiebung von Prioritäten, wenn wir voraussetzen, daß Unternehmenskultur ein System gemeinsam getragener und gelebter Wertvorstellungen und Überzeugungen darstellt. Wertvorstellungen geben Auskunft darüber, was für ein Unternehmen wichtig ist, während sich die Überzeugungen eher damit befassen, wie ein Unternehmen funktionieren sollte, wie man etwas handhabt, wie man – kurz gesagt – erfolgreich ist.

Unmittelbar erlebbar sind nur die Teile einer Unternehmenskultur, die sich auf der Verhaltensebene konkret beobachten lassen, d. h., ein erheblicher Teil dessen, was an Wertvorstellungen, Normen, Annahmen und Phantasien über sich selbst und andere hinter den Verhaltensweisen steht, bleibt im dunkeln, ist unbewußt oder vorbewußt, aber ausgesprochen wirksam.

Kultur verlangt nach Entschlüsselung. Und damit wird Unternehmenskultur zu einem psychologischen Thema mit einem entsprechend reichen Begriffsangebot:

- Gleichgültig, ob mit Freud als Unbewußtes (der Organisation) oder mit Jung als kollektives Unbewußtes definiert – Unternehmen, ähnlich wie einzelne Menschen, werden auch von Antriebskräften, Ängsten, Tabus und zum Teil irrationalen Wirkungsmechanismen gesteuert, über die niemand spricht, die den Mitarbeitern, besonders bei längerer Betriebszugehörigkeit, kaum bewußt sind, deren Wirksamkeit bei näherer Betrachtung aber unübersehbar ist. Man kommt erst gar nicht auf die Idee, daß man etwas anders machen könnte als so, wie man es macht.
- Legt man die Transaktions-Analyse von Eric Berne zu-

grunde, hat Unternehmenskultur etwas mit dem Skript, dem Rollen- bzw. Drehbuch zu tun, das vorschreibt, was im Unternehmen gespielt wird. Je nach den Botschaften, die ursprünglich vom Gründervater oder von herausragenden Leitbildern heute ausgesendet werden, handelt es sich um eine Gewinner-, Verlierer- oder Nicht-Gewinner-Organisation.

– Unter gruppendynamischen Aspekten bieten sich die Grundannahmen an, d.h. die unausgesprochenen Annahmen, nach denen das Geschehen in der Gruppe abläuft. Annahmen dieser Art können sowohl mit »Konfrontation bei jeder Gelegenheit«, aber auch mit »Auf keinen Fall Streit« zu tun haben.

Naturalistisch und damit bildhaft können wir die Kultur eines Unternehmens mit der Grundströmung eines Gewässers vergleichen. Unabhängig davon, ob sich an der Oberfläche Kreuzseen jagen, Sturm oder Flaute herrscht, an der Grundströmung ändert sich dadurch nichts.

Kultur nicht nur zu beobachten und zu analysieren, sondern zu begreifen, heißt, zunächst einmal nach einer Wolke zu fassen. Kultur und die damit verbundenen Wertvorstellungen sind keine »harten« Begriffe wie Struktur- und Ablauforganisation, geschäftspolitische Richtlinien, Strategien und Budgets. Kultur ist der weichste Stoff, den es gibt. Aber »weich« ist »hart« in den erfolgreichen Unternehmen.

Entstehung von Unternehmenskulturen

Um Unternehmenskulturen besser verstehen zu können, lohnt es sich, sich mit ihrer Entstehung zu beschäftigen. Doch ein derartig komplexer Vorgang kann bestenfalls nur sehr grobflächig und schematisch stark vereinfacht nachgezeichnet werden. Dabei können wir von drei leicht nachvollziehbaren Prämissen ausgehen:

– Wo immer Menschen zusammenkommen, entsteht nach gewisser Zeit eine Kultur bzw. eine Subkultur. Selbst eine Therapiegruppe, die sich schon seit Stunden anschweigt, leistet damit einen Beitrag zur Entstehung einer gemeinsamen Kultur, auch wenn diese vorerst darin bestehen sollte, vorsichtshalber den Mund zu halten.
– Jede Kultur entwickelt ungeschriebene, häufig unausgesprochene Normen und gegenseitige Erwartungen, die das Verhalten der Mitglieder stark beeinflussen. Die Kulturanthropologin Margaret Mead beschreibt Kultur in diesem Zusammenhang auch als den Grundstock erlernten Verhaltens, den eine Gruppe von Menschen, die eine gemeinsame Vergangenheit haben, an neue Mitglieder weitergibt. Diese Informationen werden verbal und auch nonverbal übermittelt. Im Ernstfall lernt jemand z. B. sehr schnell, wie er sich in der berüchtigten Nordkurve eines Fußballstadions zu verhalten hat.

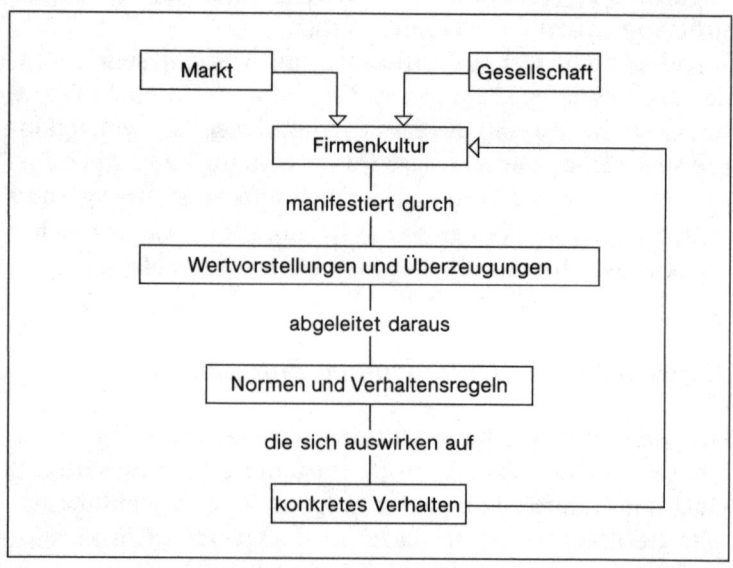

Abb. 1: Entstehung von Kultur

– Menschen sind heute eher bereit, die Kultur, deren Mitglieder sie sind, selbst zu entwickeln, zu formen und zu gestalten, als sich passiv von einer vorgegebenen Kultur vereinnahmen und prägen zu lassen. In der Praxis dürfte es bei neuen Mitgliedern zu einer Verzahnung von Anpassungs- und eigenständigen Gestaltungsprozessen kommen.

Bezogen auf eine ganze Organisation, stellt die Entwicklung von Kultur – stark vereinfacht – einen Regelkreis (Abb. 1) dar. Ein Unternehmen mit einem Angebot, das Markttendenzen und heute vermehrt gesellschaftliche Entwicklungen (z. B. Umweltschutz) berücksichtigt, will von seinem Selbstverständnis her auf seinem Markt die Nummer 1 sein. Daraus wird, im Idealfall gemeinsam von allen Mitarbeitern, die Norm abgeleitet, dem Kunden beständig einen erstklassigen Service zu bieten.

Auf der Verhaltensebene kann das bedeuten, daß man aktiv auf den Kunden zugeht, guten Kontakt hält, zum Problemlöser für den Kunden wird, ihn in Produktionsentwicklungen miteinbezieht, sich immer wieder etwas Neues einfallen läßt.

Dieses konkrete Verhalten verstärkt und bestätigt dann wiederum die eher abstrakten Wertvorstellungen und Überzeugungen. Es ist klar, was gemacht wird und wie es gemacht wird. Die Unternehmenskultur wird gestärkt – und zwar ohne daß dieser Begriff überhaupt in den Mund genommen wird.

So oder so ähnlich könnte die Geschichte von der Unternehmenskultur lauten. In Wirklichkeit entwickeln sich natürlich ganz unterschiedliche Subkulturen, im Verkauf herrscht ein anderer Ton als in der Verwaltung. Neben formellen Normen entwickeln sich informelle. Gegensätze und Widersprüche werden deutlich. Über bestimmte, eventuell unwichtige Dinge wird zuviel gesprochen, aber die Diskussion von Überlebensfragen bleibt möglicherweise ausgeklammert.

Subkulturen im Silicon Valley

Obwohl der Glanz des Silicon Valley allmählich matter wird, sollte hier doch noch einmal auf ein Beispiel aus dieser Region zurückgegriffen werden. Deshalb befassen wir uns mit den Ergebnissen einer empirischen Studie, die 1983 in Firmen im Silicon Valley durchgeführt wurde und bei der ca. 75 technische Spezialisten (›technical professionals‹) interviewt wurden. Ziel der Untersuchung war es, zu beschreiben und zu erklären, wie diese Zielgruppe ihre Karriere innerhalb und zwischen den einzelnen Firmen vorantrieb und wie die Unternehmen Entwicklungsprojekte personell besetzten.

Im Detail ging es darum, die sozialen Kategorien, die unterschiedlichen Orientierungen und Kulturen kennenzulernen, innerhalb derer sich die »Eingeborenen« einrichteten und bewegten. Ihre Ansichten lassen sich als kognitive Systeme definieren, wobei die Sprache als der Repräsentant der subjektiv erlebten Wirklichkeit angesehen wurde, der am wenigsten zu Widersprüchen führen würde.

Silicon Valley, heute weltweit bewundert und nachgeahmt, beherbergt zwischen Palo Alto und San José auf einem Streifen Land von ca. 45 km Länge und ca. 15 km Breite etwa 3000 Firmen der Elektronikindustrie. Hier wurde vor dreißig Jahren die Halbleiter-Industrie geboren, und hier befindet sich die ›high-tech-culture‹ der Zukunft bereits in voller Blüte.

Silicon Valley ist der Schauplatz von Erfolgsstorys, die untrennbar mit Namen wie Hewlett-Packard, Apple, Intel und anderen verbunden sind. Eigentlich sind es moderne Sagen, deren Helden noch leben und teilweise sogar noch ziemlich jung sind. Steven Jobs, Mitbegründer und Mitinhaber von Apple Computer, ist gerade dreißig Jahre alt.

In einer Atmosphäre des immerwährenden Goldrauschs, San Francisco ist nicht weit entfernt, zeigt sich der Wandel als das einzig Beständige. Die 80-Stunden-Woche ist die Regel, und die Scheidungsrate stellt amerikanischen Rekord dar. Alle Firmen stehen in Verbindung miteinander, zum Teil kooperativ, zum Teil kompetitiv. Die Zukunft ist schwer vorhersehbar. Die Halbleiter-Industrie mußte kürzlich ihr Wachstum verlangsamen, und es kam zu Entlassungen, während die Hersteller von Heimcomputern (›personal computers‹) und Software-Häuser einen ausgesprochenen Boom erlebten.

In dem hier beschriebenen Unternehmen, fiktiv Pacific Microcomputer Corporation (PCM) genannt, wird die Organisation strukturiert durch ›occupational communities‹, also durch Beschäftigungsgruppen, die den Mitarbeitern helfen, innerhalb und außerhalb der eigenen Firma ihre Identität zu finden und Kontakte mit wichtigen Bezugsgruppen zu pflegen.

In einem Interview für eine wissenschaftliche Untersuchung schlug ein Software-Ingenieur für die Klassifizierung

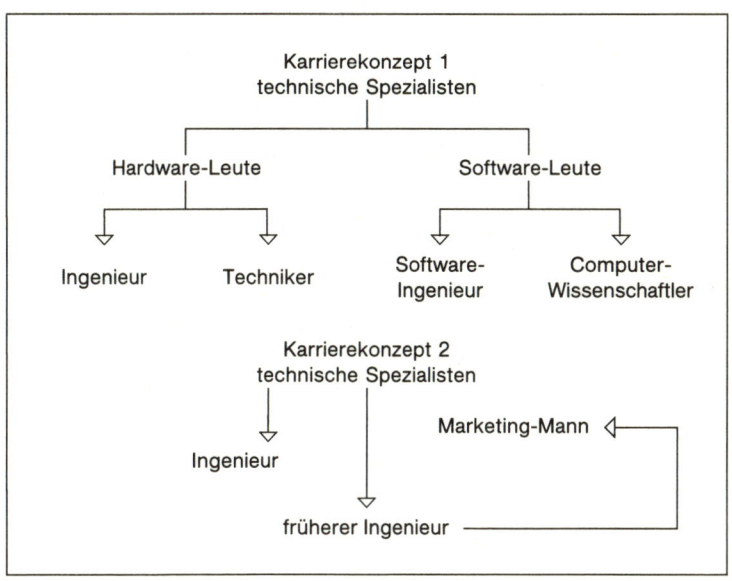

Abb. 2: Unterschiedliche Karrierekonzepte bei technischen Spezialisten

61

der technischen Spezialisten (›technical professionals‹) folgende Zweiteilung vor:

»Ein Hauptunterschied besteht zwischen Hardware- und Software-Leuten. An Marketing ist man nicht interessiert, aber Tatsache ist, daß eine Menge von früheren Ingenieuren heute im Marketing arbeiten.«

Wie in Abb. 2 auf Seite 61 dargestellt, enthält diese Aussage bereits zwei verschiedene Karrierekonzepte, die unterschiedlich bewertet und, wie wir später sehen werden, weitreichende Folgen haben werden.

Die Differenzierung geht aber noch weiter. Zwischen Computer-Wissenschaftlern und Software-Ingenieuren ergaben sich folgende Unterschiede:

»Computer-Wissenschaftler sind mehr an der akademisch-wissenschaftlichen Seite ihrer Arbeit interessiert. Sie wollen einen wissenschaftlichen Artikel schreiben, und im Grunde ihres Herzens ist es ihnen völlig gleichgültig, ob Kunden irgendeinen Nutzen aus ihrer Arbeit ziehen können. Software-Ingenieure haben genau dieselbe Ausbildung, sie haben dieselben Kurse besucht. Aber sie sehen sich selbst als Baumeister, und sie möchten, daß etwas gebaut wird.«

»In der Entwicklung gibt es zuviel Druck, und die einzige Möglichkeit, ein Problem zu lösen, besteht manchmal nur darin, eine neue Idee zu entwickeln. Aber vom Standpunkt des Ingenieurs aus wird das nicht gerne gemacht. Man will erprobte Technik einsetzen, bei der man sicher sein kann, daß sie funktioniert. Die Wissenschaftler dagegen möchten nicht das tun, was bereits gemacht wurde, weil sie sonst keine Artikel schreiben könnten. Sogar wenn es einen absolut sicheren Weg gibt, denken sie sich lieber etwas Neues aus.«

Über die Zusammenarbeit zwischen Marketing, Verkauf und Technik gab ein Marketing-Mann, ein früherer Ingenieur, folgende Auskünfte:

»Der Verkauf möchte immer nur Löcher zustopfen. Sie sehen, daß sie einen Abschluß verloren haben, weil sie dieses oder jenes Produkt nicht anbieten konnten. Marketing versucht, vorausschauend zu handeln, um auf den Wettbewerb rechtzeitig reagieren zu können. Die Technik ist vor allem daran interessiert herauszufinden, wo ein System heute steht, wo es in einigen Jahren stehen wird und wie sie dort hinkommen. Mir scheint es, daß für den Verkauf nur dieser Monat wichtig ist, während bei den Marketing-Leuten nur dieses Jahr zählt, und bei der Technik ist in diesem Jahr überhaupt nichts wichtig.«

Neben dem unterschiedlichen Aufgabenverständnis und den erheblichen Differenzen in bezug auf den zeitlichen Horizont bestanden auch abweichende Auffassungen über den eigenen Stellenwert im Unternehmen: »Jeder Bereich glaubt, er wäre das Unternehmen, oder wenigstens, er wäre der wichtigste Teil davon. Die Technik sieht sich als zentrale Einheit mit dem Marketing-Bereich als Abnehmer, der die Produkte an den Verkauf weitergibt. Marketing glaubt von sich, die Koordinierungsstelle für alle anderen Bereiche zu sein. Sie geben den Ton an. Und die Leute vom Verkauf glauben, wenn ein Problem nicht innerhalb einer Woche gelöst werden kann, verkaufen sie überhaupt nichts mehr.«

Besondere Schwierigkeiten bestanden zwischen Forschung und Entwicklung:

»Sie frustrieren sich gegenseitig total. Wenn sie zusammenarbeiten, gibt es zwischen den beiden keine Kommunikation. Wir richten daher hier eine Forschungsgruppe ein und dort ein Entwicklungsteam und versuchen, nicht eng zusammenzuarbeiten, weil wir nicht gut miteinander auskommen.«

So entstehen Subkulturen, die bei PMC zusammengehalten werden durch den hohen Stellenwert von Innovation und von neuen Produkten, der von allen geteilt wird. Die Möglichkeit, am ›newest, whizziest (unübersetzbar) product‹ zu arbeiten, stellt für viele Menschen im Silicon Valley einen gewaltigen Anreiz dar.

Unternehmensziele und Kultur am Beispiel Hewlett-Packard

Sofern überhaupt vorhanden, zeichnen sich ausformulierte Unternehmensphilosophien und Führungsgrundsätze in deutschen Firmen durch zwei Tendenzen aus: Auf der einen Seite dominieren Aspekte wie Zusammenarbeit, Vertrauen, der Mitarbeiter als Mensch – was gelegentlich zu wahren Orgien in humanistischer Prosa führt. Auf der anderen Seite verliert man sich in der Darstellung administrativer Details des Führungsprozesses, und zwar vor allem dort, wo man sich auch heute noch an das »Harzburger Modell« (Schwerpunktidee: Delegation von Verantwortung) anlehnt.

Als möglicherweise erfrischendes Kontrastprogramm seien nachfolgend die Unternehmenszielsetzungen von Hewlett-Packard dargestellt. 1984 mit einem Umsatz von 6 Mrd. Dollar, einer Umsatzrendite von 11 % und 82 000 Mitarbeitern, rangierte Hewlett-Packard (HP), aus Palo Alto in Kalifornien, auf Platz 60 der Fortune-500-Liste des Jahres 1985, die so etwas wie eine Erfolgstabelle der 500 größten US-Unternehmen darstellt.

1957 erstmals veröffentlicht, wurde Hewlett-Packards »Statement of Corporate Objectives« entsprechend den laufenden Änderungen im Unternehmen und dessen sozialer Umgebung von Zeit zu Zeit überarbeitet. Unterschrieben sind diese ›objectives‹ von David Packard, Chairman of the Board, William R. Hewlett, Chairman (Executive Committee), und John A. Young, President and Chief Executive Officer. Für die folgenden Details wird der Text von HP in Deutschland benutzt – die Formulierungen im amerikanischen Original sind zum Teil noch prägnanter –, die stichwortartigen Erläuterungen sind aus unterschiedlichen Quellen zusammengetragen.

»Die Erfolge eines Unternehmens entstehen durch das Zusammenwirken aller Mitarbeiter, die gemeinsame Unternehmensziele verfolgen. Diese gemeinsamen Ziele müssen realistisch sein, von jedem Mitarbeiter verstanden werden und den Grundcharakter des Unternehmens widerspiegeln.«

Zum Erreichen der Unternehmensziele sind folgende grundlegende Voraussetzungen zu schaffen:

1. In allen Bereichen des Unternehmens sollen fähige und kreative Mitarbeiter arbeiten. Sie sollen Gelegenheit erhalten, ihre Kenntnisse und Fähigkeiten durch ständige Trainings- und Fortbildungsprogramme auf den neuesten Stand zu bringen. Dies ist besonders wichtig in einem Wirtschaftszweig mit schnell fortschreitender Technik. Lösungen, die heute gut sind, können morgen überholt sein; jeder Mitarbeiter soll sich daher fortwährend um neue und bessere Lösungsmöglichkeiten bemühen.

2. Es soll für die Mitarbeiter aller Bereiche möglich sein, die Zielsetzungen und den Führungsstil des Unternehmens mit Überzeugung zu vertreten. Führungskräfte sollen nicht nur selbst motiviert sein, sondern nach ihrer Fähigkeit ausgesucht werden, auch ihre Mitarbeiter für das Erreichen der Unternehmensziele zu begeistern.

   Es gibt keinen Platz für halbherziges Interesse oder geringen Einsatz. Dies gilt insbesondere für Mitarbeiter mit Führungsverantwortung.

3. Das Unternehmen soll seine Zielsetzungen in integrer Weise verfolgen. Die Mitarbeiter aller Bereiche sollen ausschließlich nach den allgemein anerkannten Regeln guten Geschäftsgebarens handeln. In der Praxis kann dies nicht allein durch betriebsinterne Vorschriften sichergestellt werden. Integrität muß vielmehr tief im Unternehmen verwurzelt sein und von einer Generation von Mitarbeitern an die andere weitergegeben werden.

4. Es genügt jedoch nicht, daß sich alle Mitarbeiter des Unternehmens nach den drei vorgenannten Grundsätzen verhalten. Ein Maximum an Effektivität und Leistung wird nur erreicht, wenn alle Bereiche des Unternehmens kooperativ auf die gemeinsamen Ziele hin arbeiten.

Es entsprach stets dem Stil von Hewlett-Packard, daß die Organisation nicht militärisch streng aufgebaut ist, sondern daß übergreifende, klar formulierte, für alle gültige und von allen akzeptierte Zielsetzungen gelten. Auch sollten die Mitarbeiter selbst für ihren Verantwortungsbereich bestimmen können, wie sie die für ihren Bereich bestimmten Zielvereinbarungen am besten erreichen.

Im einzelnen handelt es sich um folgende Ziele:

1. Gewinn

»Wir wollen einen Gewinn erzielen, der ausreicht, um das Wachstum unseres Unternehmens zu finanzieren und die Mittel bereitzustellen, die wir zur Verwirklichung unserer anderen Zielsetzungen benötigen.«

Details in Stichworten:

- Langfristig ist der Gewinn die absolut wesentliche Meßgröße für die Beurteilung der Leistungsfähigkeit unseres Unternehmens.
- Die meisten Gewinne werden reinvestiert.
- Die Kapitalverzinsung muß ungefähr unserer Umsatzwachstumsrate entsprechen, bzw. das Umsatzwachstum kann nicht höher sein als die Kapitalverzinsung.
- Von allen Divisions wird erwartet, daß sie sich selbst finanzieren.
- Wer wachsen will, muß einen Gewinn erwirtschaften.
- Reinvestierter Gewinn ist unsere Hauptkapitalquelle. Wir machen keine langfristigen Schulden.
- Jedes einzelne Produkt muß aus der Sicht des Kunden sein Geld wert sein und einen Gewinn abwerfen.
- Die Notwendigkeit, einen Gewinn zu erzielen, kann nicht

auf morgen verschoben werden; Gewinne müssen heute erwirtschaftet werden.
– Für den Gewinn sind alle verantwortlich.

2. Kunden

»Unsere Produkte und Dienstleistungen sollen den hohen Ansprüchen unserer Kunden an Qualität und Nutzen voll gerecht werden. Nur dadurch können wir das Vertrauen der Kunden gewinnen und erhalten.«

– Die Kundenbeziehungen sind langfristig angelegt.
– Verantwortung besteht gegenüber Kunden für Produkte mit überragender Leistung, in überragender Ausführung, mit überragendem Service.
– Verschiedene Verkaufsteams mit identischen Kunden sollen eng zusammenarbeiten und nicht miteinander konkurrieren.
– Das ›One-company‹-Image ist wichtig.

3. Betätigungsgebiet

»Wir wollen auf unserer Stärke in unseren traditionellen Märkten aufbauen und uns nur dann auf ein neues Betätigungsgebiet begeben, wenn dies mit unseren grundsätzlichen Zielen übereinstimmt. Auch muß sichergestellt sein, daß wir auf dem neuen Betätigungsgebiet einen bedarfsgerechten und ertragversprechenden Beitrag leisten können.«

– Zweidimensionales Wachstum: ständig neue Produkte für Märkte, auf denen HP bereits eine solide Position hat, und Erweiterung der Technologie für neue Märkte, die traditionellen Märkten verwandt sind.
– Weitgehend dialogfähige Geräte und Systeme.

– Ausdehnung auf neue Gebiete nur dann, wenn
- dies mit dem Unternehmenszweck übereinstimmt,
- wenn man einen wesentlichen Beitrag leisten kann,
- die Technologie vorhanden ist, um wirklich innovative und bedarfsgerechte Produkte zu entwickeln,
- wenn man darüber hinaus in der Lage ist, diese Produkte preiswert herzustellen und mit Gewinn zu verkaufen.

4. Wachstum

»Unser Wachstum soll nur durch unsere Erträge und unsere Fähigkeit begrenzt sein, innovative Produkte zu entwickeln und herzustellen, die den tatsächlichen Bedürfnissen der Kunden entsprechen.«

– Wachstum um seiner selbst willen ist für uns nicht wichtig. Aber es gibt zwei Erwägungen, warum kontinuierliches Wachstum von Umsatz und Gewinn für uns wichtig ist:
- Die Märkte, auf denen wir arbeiten, wachsen schnell. Stillstand bei uns würde bedeuten, daß wir an Boden verlieren.
- Wachstum ist wichtig, um hochqualifizierte Mitarbeiter anzuziehen und zu halten.

5. Unsere Mitarbeiter

»Alle HP-Mitarbeiter sollen teilhaben am Erfolg des Unternehmens, den sie erwirtschaften. Ihr Arbeitsplatz soll ihnen aufgrund ihrer Leistungen sicher sein. Er soll ansprechend sein und sie nicht gefährden. Ihre individuellen Leistungen sollen anerkannt werden, und es soll ihnen geholfen werden, aus ihrer Arbeit Selbstwertgefühl und persönliche Genugtuung zu gewinnen.«

- Beachtung der Individualität des einzelnen ist einer der Bausteine des Unternehmens.
- Jeder einzelne sollte von der Integrität der Motive seiner Kollegen, der Vorgesetzten und des Unternehmens überzeugt sein.
- Das Management bemüht sich um Verständnis und Hilfe für Mitarbeiter, die vorübergehend Probleme haben.
- Es gibt weltweit einen Gewinnbeteiligungsplan für alle Mitarbeiter. Verteilt werden 12 % des Rohgewinns in Abhängigkeit vom jeweiligen Gehalt, was jährlich ungefähr ein zusätzliches Monatseinkommen ausmacht. 1984 wurden von HP in Deutschland rund 15 Mio. DM an Gewinnen verteilt, weltweit waren es rund 120 Mio. Dollar.
- Für das Management gibt es keine zusätzlichen Bonus- oder Gewinnbeteiligungspläne.
- Angestrebt wird, die Herzbergsche These, nach der das Gehalt lediglich ein Hygiene-Faktor ist, in die Praxis umzusetzen: »Das Gehalt ist nicht das Anreizsystem der Zukunft.« Es wurden zusätzliche Leistungen auf folgenden Gebieten eingeführt:
  ● *Beteiligung:* Über die Gewinnbeteiligung hinaus gibt es einen Aktiensparplan, an dem in Deutschland über 80 % der HP-Belegschaft teilnehmen. Bei zehnjähriger Betriebszugehörigkeit erhält jeder Mitarbeiter zehn HP-Aktien. Für innovative Leistungen der Mitarbeiter stellt HP Aktien-Optionen aus.
  ● *Sicherheit:* Hier besteht das Angebot aus einem Pensionsplan, einer Krankengeldregelung und einem Bündel von Versicherungen.
  ● *Arbeitszeit:* Es wird mit Arbeitszeitflexibilität ohne Zeitkontrolle, mit Arbeitszeitmodellen und Freizeitkonten gearbeitet.
- Es ist ausgeschlossen, daß Mitarbeiter ihren Arbeitsplatz aufgrund von Management-Fehlern, die andernorts begangen wurden, verlieren.

- Um Entlassungen überhaupt zu vermeiden, gibt es, vor allem in den USA, ein ausgefeiltes Absicherungsprogramm:
  - 7 % Überstunden in normalen Zeiten.
  - In schlechten Zeiten werden Arbeitszeit und Gehalt um maximal 10 % gekürzt.
  - Großaufträge werden vermieden.
  - Möglichst wenig direkte Geschäfte mit staatlichen Stellen, auch keine Auftragsforschung. Gemeint sind damit wahrscheinlich Großaufträge aus dem Bereich der Rüstung, die erheblichen politischen Turbulenzen und entsprechenden Budget-Unsicherheiten unterliegen.
  - 15 % der Aufträge werden als Puffer an Unterauftragnehmer weitergegeben.
  - In der Geschichte der HP, 1939 gegründet, sind bisher lediglich zwanzig Mitarbeiter entlassen worden, und das im Zusammenhang mit dem Kauf eines Unternehmens. Normalerweise werden bei Übernahmen alle Mitarbeiter weiterbeschäftigt.
- Die Mitarbeiter müssen die Anerkennung erhalten, die sie benötigen und verdienen.

6. Führungsstil

»Wir wollen die Initiative und schöpferische Kraft unserer Mitarbeiter fördern, indem wir dem einzelnen einen weiten Entscheidungsspielraum beim Erreichen der klar definierten Unternehmensziele lassen.«

- »Führung durch Zielvereinbarung« (MbO, Management by Objectives) wird als wechselseitiger Prozeß verstanden: Die Geschäftsleitung stellt sicher, daß jeder Mitarbeiter die übergeordneten Zielsetzungen und die daraus abgeleiteten, für ihn unmittelbar geltenden Zielvereinbarungen versteht. Bei den Mitarbeitern wird vorausgesetzt, daß sie sich für ihre Arbeit interessieren.

7. Gesellschaftliche Verantwortung

»Wir wollen unsere sozialen Verpflichtungen erfüllen, indem wir für jedes Land und jedes Gemeinwesen, in dem wir tätig sind, einen wirtschaftlichen, geistigen und sozialen Wert darstellen.«

- Verbesserung der Umwelt, in der wir leben.
- Die Präsenz von HP soll für jedes Gemeinwesen von Vorteil sein.
- Errichtung ansprechender Fertigungsstätten und Bürogebäude, auf die die jeweilige Gemeinde stolz sein kann.
- Als Bürger ihres Gemeinwesens können und sollen die HP-Mitarbeiter in Gruppen, Kirchen, Schulen, städtischen oder karitativen Einrichtungen mitwirken.
- Begreifen der gesellschaftlichen Verantwortung auch auf nationaler Ebene.

4. Rollenmodelle, Kommunikation und Systeme: Das Medium ist der Schlüssel zur Botschaft

»Im Kapitalismus wird der Mensch durch den Menschen ausgebeutet; im Kommunismus ist es umgekehrt.«

Politische Lebensweisheit

Um uns Klarheit über eine Kultur zu verschaffen, könnten wir, oberflächlich betrachtet, annehmen, daß es nur darauf ankomme, die Inhalte einer Kultur von den Medien zu trennen, die Kultur transportieren. Unter diagnostischen Gesichtspunkten bildeten dann die Medien die Basis dafür, eine Kultur mit ihren Wertvorstellungen und Überzeugungen zu entschlüsseln.

Leider liegen die Dinge wesentlich komplizierter; beim Entschlüsseln von Kulturen treten eine Reihe von spezifischen Schwierigkeiten auf:

Medium und Botschaft

»The medium is the massage«: Wie weiland Marshall McLuhan mit seinem berühmten Schlagwort, so stehen wir vor dem Problem, daß Medium, also das benutzte Kommunikationsmittel, und Botschaft nicht scharf voneinander differenziert werden können, da bei näherem Hinsehen das Medium in vielen Fällen die eigentliche Botschaft darstellt.

Eine geplante Verkaufsaktion kann z. B. in Form eines blassen Rundschreibens, möglicherweise noch bürokratisch und verdeckt autoritär formuliert, angekündigt werden. Aus demselben Anlaß kann aber auch eine brillante Präsentation aufgezogen werden. Bei naiver Betrachtung hätte in beiden Fällen die Botschaft an den Außendienst gelautet: Verkauft!

In Wirklichkeit sind durch den Einsatz unterschiedlicher Medien ganz unterschiedliche Botschaften über den Tisch gebracht worden. Im Falle des Rundschreibens war die eigentliche Botschaft vielleicht: »Wir wissen, schon wieder eine Aktion! Also strengt euch trotzdem an, schließlich leben wir vom Verkauf.« Die Teilnehmer an der Präsentation hätten möglicherweise etwas ganz anderes gehört und gesehen: »Wir haben uns etwas einfallen lassen, und das erwarten wir auch von euch. Unser Angebot ist überzeugend und richtig präsentiert, deshalb kann unsere Aktion nur erfolgreich sein.«

Ergebnis und Prozeß

Kultur ist gleichzeitig Ergebnis und Prozeß; sie formt das menschliche Miteinander und ist zur selben Zeit das Ergebnis der damit verbundenen Interaktionen.

Aufgrund eines unausgesprochenen Konsens in einem Team verlaufen Besprechungen z. B. ausgesprochen locker und effizient. Man geht offen miteinander um, der Humor kommt nicht zu kurz, das Ergebnis des Meetings kann sich sehen lassen. Fazit: In einer erfreulichen Atmosphäre wurde gemeinsam ein gutes Resultat erarbeitet.

Ergebnis und Prozeß sind miteinander identisch; sie sind, sofern man sich nicht in den beliebten Streit um das Ei und die Henne verstricken will, nicht mehr voneinander zu trennen.

Ethnozentrismus

Eine spezielle Form der subjektiven Wahrnehmung stellt der Ethnozentrismus dar, nämlich die Tendenz, die eigene Kultur für allein ausschlaggebend zu halten und das Verhalten anderer ausschließlich unter diesem Aspekt zu bewerten.

Wer sich z. B. über die Arbeitsweise von Behörden aufregt, weil er Maßstäbe aus der »freien Wirtschaft« anlegt, beweist damit eigentlich nur, daß er nichts verstanden hat. Darüber hinaus wird er mit seiner Kritik, die aus einem anderen »Kulturkreis« kommt, an den herrschenden Zuständen nichts ändern.

»Eingeborenenstandpunkt«

In der Psychotherapie gibt es den Witz über einen Patienten, der sich bei seinem Therapeuten mit beredten Worten darüber beklagt, wie schlecht es ihm doch ginge, wie miserabel er sich doch fühle, wie er unter Schlaflosigkeit leide, wie erschöpft und heruntergekommen er doch sei. Und der Therapeut reagiert darauf mit den Worten: »Ja, das sieht wirklich schlecht für Sie aus. Was könnten Sie denn tun, damit Sie Ihre Situation in einem etwas freundlicheren Licht sehen können?«

Patient und Therapeut reden aneinander vorbei. Während der Patient mit Körpergefühlen argumentiert, also demonstriert, daß er seine Realität vor allem kinästhetisch erlebt, zeigt die Antwort des Therapeuten, daß er diesen Umstand gar nicht registriert hat. Er reagiert visuell, d. h., er zeigt dem Patienten, daß sich sein »Bild« von der Wirklichkeit vor allem aus optischen Eindrücken zusammensetzt.

Ähnlich wie in der Psychotherapie, wo es um einen guten Rapport zwischen Therapeuten und Klienten geht, ist es für das Entschlüsseln einer Kultur entscheidend, daß es dem Beobachter gelingt, den »Bezugsrahmen«, d. h. das Modell der Welt, das Wahrnehmungs-, Denk- und Bewertungssystem seiner »Eingeborenen« zu erkennen und zu begreifen.

In der Anthropologie ist dieses Vorgehen seit langem bekannt. Um »exotische« Praktiken zu demystifizieren, hat der Beobachter zu lernen, wie seine »Eingeborenen« ihrem Verhalten einen Sinn geben, in welcher Beziehung sie zum Leben stehen, welche Vision der Welt sie wahrnehmen.

Über die bekannte Rollenambiguität hinaus erkennt man bei Managern heute z. B. zunehmend das Problem der Ambiguität in Entscheidungssituationen. Gemeint sind damit die Belastungen und der Streß, die sich bei Entscheidungen unter Unsicherheit in nicht eindeutigen Situationen ergeben.

Spricht man bei uns von Ambiguität, dann ist dieser Begriff eindeutig negativ besetzt: eine Situation ist labil, unvollständig, hat keine »gute Gestalt«, muß geklärt werden.

In Japan dagegen weist Ambiguität sowohl erwünschte als auch unerwünschte Aspekte auf. Auch dort wird auf eine vorhersehbare Ordnung großer Wert gelegt. Gleichzeitig werden aber Ambiguität, Unsicherheit und fehlende Perfektion als gegebene ›facts of life‹ akzeptiert. An der fehlenden Eindeutigkeit von Situationen kann man sich restlos aufreiben – oder aber lernen, mit ihr zu leben.

Aufgrund des bei uns üblichen Bezugsrahmens kämen wir in Japan zu einer falschen Bewertung ein und desselben Phänomens.

Rollenmodelle

Medium und Botschaft sollen miteinander übereinstimmen. Diese Aufgabe meistert mit weitem Abstand der einzelne Mensch am besten. Die Bedeutung der Einzelpersönlichkeit für den Erfolg eines Unternehmens wird daher heute wieder neu entdeckt.

Obwohl bei uns schon die meisten mittleren Führungskräfte ohne Zögern angeben, daß sie ihre Aufgabe auch darin sehen, Vorbild für ihre Mitarbeiter zu sein, wurde dieses »Führen durch Vorbild« in der neueren Management-Theorie weitgehend vernachlässigt. Führungsmodelle, entsprechend schematisierte Verhaltensmuster und Rezepte waren gefragt. Verhalten läßt sich zwar trainieren, aber nicht Persönlichkeit, Glaubwürdigkeit und Ausstrahlung.

Im Gefolge der neuen Erkenntnis, daß Organisationen spezifische Kulturen haben oder sind, feiert auch die alte Vorbildfunktion wieder fröhliche Urständ. Gesprochen wird heute von Rollenmodellen, wohl leicht übertrieben auch von ›corporate heroes‹, von Helden im Unternehmen, die durch ihr Verhalten das geltende Wertesystem personifizieren und symbolisieren. Manager sorgen dafür, daß eine Organisation funktioniert, Helden schaffen sie.

Bei einer weniger kernig-pathetischen Betrachtungsweise stellen sich einige nüchterne Fragen:

- Gibt es im Unternehmen Leitbilder?
- Wo sind sie?
- Wie sichtbar sind sie?
- Welche Botschaften strahlen sie aus?
- Stehen diese Botschaften im Einklang mit der Kultur des Unternehmens?
- Wenn nein: Was entsteht möglicherweise an Neuem?
- Stimmt dieses Neue mit der Strategie des Unternehmens überein?

Im Idealfall wirken Rollenmodelle auf ihre Umwelt wie folgt:

- Sie sind Menschen »zum Anfassen«, man kennt sie, man hat sie schon persönlich gesehen, man erzählt sich Geschichten über sie. Durch ihren Erfolg wird Erfolg überhaupt zu etwas »Greifbarem«, das auch für andere möglich ist. Sie nehmen dem Erfolg das subjektiv »Unmenschliche«, das nicht Erreichbare.
- Sie glänzen vor allem durch das, was sie tun, und weniger durch das, was sie sagen. Wer z.B. über Führung spricht, führt in diesem Moment in aller Regel nicht. Er spricht nur darüber. Wem es aber gelingt, in einer derartigen Diskussion andere geschickt ins Spiel zu bringen, sie aufzutauen, zu aktivieren, der führt tatsächlich, auch wenn seine inhaltlichen Beiträge nicht gerade von epochemachender Bedeutung sind.
- Rollenmodelle sind authentisch bzw. stimmig, ihre Rede

und ihr Handeln stimmen überein. Sie meinen das, was sie sagen, was sich vor allem dadurch ausdrückt, daß sie es auch tun. Dem steht aber in der Realität das weite Feld der paradoxen Verhaltensweisen gegenüber.

- Eine entsprechende Position vorausgesetzt, symbolisieren Rollenmodelle das Unternehmen nach innen und nach außen. Ein Lee Iacocca hat vom ersten Moment an die Zuversicht ausgestrahlt, daß es mit Chrysler wieder aufwärtsgehen wird.
- Durch ihr Verhalten setzen Rollenmodelle Leistungsstandards; sie tun etwas für die Motivation der Mitarbeiter, und zwar nicht indem sie darüber reden, sondern indem sie motiviertes Verhalten vorleben.

Von den gängigen Motivationstheorien weitgehend übersehen, stellt die Identifikation mit dem eigenen Vorgesetzten, zumindest vorübergehend, für viele Mitarbeiter eine wichtige Quelle der Motivation dar. Einer allgemein menschlichen Erfahrung zufolge soll es nach wie vor Mitarbeiter geben, die, ohne in die Rolle des abhängig-angepaßten Untergebenen zu gehen, gern mit bzw. für einen Vorgesetzten arbeiten, bei dem sie lernen können, wie Erfolg entsteht.

Rollenmodelle finden sich idealerweise an der Spitze eines Unternehmens. Aber wer genau hinsieht, wird sie, unabhängig von der Hierarchie, überall finden. Eine nicht unwesentliche Aufgabe der betrieblichen Personalentwicklung dürfte zunehmend auch darin bestehen, das Gespür und das Handwerkszeug, z. B. entsprechende Assessment Centers zur Potentialbeurteilung, zu entwickeln, um aufkeimende Rollenmodelle rechtzeitig zu identifizieren und zu fördern.

Ein Kriterium aber müssen alle Rollenmodelle erfüllen: Sie müssen sichtbar sein.

Sichtbares Management

Jeder kennt Geschichten und Anekdoten über hohe Herren, die, urplötzlich mit einfachen Mitarbeitern ihres Hauses konfrontiert, von diesen nicht erkannt und entsprechend behandelt werden. Meist wird dann das Hohelied vom einfachen Mann oder von der einfachen Frau gesungen, die mit geradezu rührender Selbstsicherheit ihren höchsten Vorgesetzten wie ihresgleichen ansprechen. Selbst Chefs von Mittelbetrieben, einen persönlichen Lift im Haus vorausgesetzt, leisten sich gelegentlich den Luxus dieser Splendid isolation bzw. dieses »Komm-mir-nicht-zu-nahe«-Komplexes.

Mit einer unsichtbaren Führung kann man sich nur schlecht identifizieren. Der persönliche Eindruck fehlt. Vorstände, die es sich zur Gewohnheit machen, aus der Sicht der Mitarbeiter ständig in den Wolken zu schweben, werten die Mitarbeiter durch diesen fehlenden Kontakt indirekt ab. Gelegenheit und Häufigkeit des direkten Kontakts zum Vorstand werden zum hart umkämpften Statussymbol: Um nicht bereits an den Vorzimmerdamen zu scheitern, werden die Beziehungen zu den Sekretärinnen liebevoll gepflegt. Das eigentliche Dilemma dieser Situation besteht aber darin, daß unsichtbare Führung bei den Mitarbeitern dem Gefühl der Verlorenheit und Einflußlosigkeit Vorschub leistet; die Einstellung »Die da oben – wir da unten« macht sich breit. Auch so können Mitarbeiter demotiviert werden.

Doch das läßt sich ändern.

Da wir in einer Zeit leben, in der auch banalste und primitivste Regeln des menschlichen Miteinanders immer wieder neu entdeckt werden müssen, wird seit kurzem das ›visible management‹ propagiert.

Als Erfinder dieser sichtbaren Führung gilt allgemein Ed Carlson, der frühere Präsident (1970–1976) der amerikanischen Fluggesellschaft United Airlines. Zur damaligen Größenordnung des Unternehmens: 47 000 Vollzeit-Mitarbeiter, davon 18 % in der Verwaltung, 380 Düsenmaschinen im Einsatz, 1,9 Mio. Flugkilometer pro Tag bei einem Streckennetz von 30 000 km.

Carlson übernahm den Vorstandsvorsitz zu einem denkbar ungünstigen Augenblick. Mit 46 Mio. Dollar hatte United Airlines gerade den größten Jahresverlust seiner Geschichte erlitten. Die Moral der Mitarbeiter war weitgehend zerstört. Die Organisation war stark zentralisiert und bürokratisiert. Einen Vorschlag zu rechtfertigen und höheren Orts abgesegnet zu bekommen dauerte so lange, daß die dann endlich getroffene Entscheidung zu diesem Zeitpunkt schon wieder überholt war.

Ein wichtiger Bestandteil der ›Turn-around‹-Strategie Carlsons war, den unmittelbaren Kontakt zur weitverzweigten Außenorganisation herzustellen. Carlson reiste in diesen Zeiten bis zu 320 000 km im Jahr.

»Ich habe schon oft mit großer Überzeugung gesagt, daß wir im Management mit denen zu vergleichen sind, die im politischen Leben stehen. Wir alle haben eine Wählerschaft. In meinem Falle sind es knapp 50 000 Mitarbeiter. Ich muß mich zwar nicht wie in der Politik einer Wiederwahl stellen, aber wenn meine Wähler – die Mitarbeiter – die Programme nicht unterstützen, die das Management entwickelt hat, sind diese Programme zum Scheitern verurteilt.«

»Ich wollte, daß mich die Leute kennenlernten und keine Hemmungen hatten, Vorschläge zu machen oder auch mir zu widersprechen, wenn ihnen danach zumute war. Eines der Probleme in amerikanischen Unternehmen ist, daß der Mann an der Spitze wenig Neigung hat, herumzureisen und sich der Kritik zu stellen. Meist neigt er eher zur Isolation und hat am liebsten Leute um sich, die ihm nicht widersprechen. Der Chef hört im Unternehmen nur, was er hören will. Wenn es erst einmal soweit kommt, ist das Unternehmen auf dem besten Wege, ›Krebs‹ zu entwickeln, wie ich es nenne.«

Carlsons Beispiel hat Schule gemacht. Roger B. Smith, der seit 1981 amtierende Vorstandsvorsitzende von General Motors, pflegt bei seinen Werksbesuchen mit Bandarbeitern zu

Mittag zu essen. Dabei findet kein unverbindlich-gehemmtes Geplauder zwischen großem Boß und kleinem Arbeiter statt: Die Gespräche führten bereits zu einigen handfesten technischen Veränderungen in der Endmontage.

Dieses sichtbare Management dient weder – was naheliegen würde – der persönlichen Profilierung der Führungsspitze, noch handelt es sich dabei um Kontrollbesuche, die – wenn vorher angekündigt – den Bau Potemkinscher Dörfer nach sich zögen. Carlson z. B. bestand darauf, daß außer ihm sich auch die fünfzehn weiteren Herren der Chefetage auf den Weg machten. Alle fünfzehn verbrachten mindestens zwei Drittel ihrer Arbeitszeit während der ersten eineinhalb Jahre nach Carlsons Antritt vor Ort.

Wer, um den Kontakt mit allen Ebenen des Unternehmens zu halten, genaugenommen das Gebäude erst gar nicht verlassen muß, dem bietet sich über das »sichtbare Management« eine weitere Methode an, nämlich das MbWA (Management by Wandering Around), zu deutsch »Führung durch Umhergehen«. Diese Management-Technik lädt bei uns sicherlich zu ironischen Bemerkungen oder Verballhornungen ein. Doch auch hier ist ein Ziel unverkennbar: Man will durch den direkten Kontakt mehr erfahren, man will wesentliche Botschaften und Zielvorstellungen im persönlichen Gespräch über den Tisch bringen, man will den Mitarbeitern nicht nur das Gefühl geben, sie könnten mit der Spitze des Unternehmens reden oder man hörte ihnen zu, sondern man redet mit ihnen tatsächlich und hört ihnen zu.

Führer und Manager

Wie bereits ausführlich herausgestellt, kann die Bedeutung der Führungsspitze in ihrer Rollenmodell-Funktion gar nicht überschätzt werden. Dabei haben wir es uns angewöhnt, Manager und Führer in einen Topf zu werfen. Den Begriff »Führer« – der einen beachtlichen Anspruch beinhaltet –

gibt es bei uns eigentlich offiziell weder in der Wirtschaft noch in der Politik, da er aus der Zeit des Nationalsozialismus besetzt ist.

Statt »Führer« haben wir »Führungskräfte«, was nicht nur den Schluß zuläßt, daß zum Führen Kraft gehört, sondern was darüber hinaus auch noch wenig schmeichelhafte Assoziationen zu Bezeichnungen wie »Schreibkraft«, »Aushilfskraft« u.ä. weckt. Anglophil, wie wir sind, dominiert im Sprachgebrauch und wohl auch im Selbstverständnis neben der »Führungskraft« der »Manager« bzw. das »Management« als eine Gruppe von Managern. Aber von »Führern« wird nicht gesprochen.

Neuerdings schleicht sich jedoch wieder – aus den USA kommend – eine Differenzierung zwischen Manager und Führer ein, eine Differenzierung, die, stark vereinfachend, von hintergründiger Boshaftigkeit und Kritik geprägt ist.

Der Führer macht und tut die richtigen Dinge, während der Manager Dinge richtig tut und macht. Im Umkehrschluß kann das bedeuten, daß der Führer die richtigen Dinge im Negativfall falsch anpackt, während der Manager Gefahr läuft, die falschen Dinge richtig, perfekt und in letzter Vollendung zu machen, wofür es sicher eine Unzahl von Beispielen gibt. Im Grunde genommen handelt es sich um den einfachen Unterschied zwischen Effizienz und Effektivität: Effizienz bedeutet, Dinge richtig zu tun, während Effektivität dafür steht, die richtigen Dinge zu tun.

Dieses Wortgeklingel macht eigentlich nur dann einen Sinn, wenn wir uns vor diesem Hintergrund überlegen, wie in einem Unternehmen Führer und Manager verteilt sind. Der amerikanische Management-Professor Warren Bennis, eine Kapazität und kein »Spinner« auf seinem Gebiet, stellte kürzlich die provokante These auf, daß viele Organisationen und Unternehmen, und zwar vor allem die, die scheitern, dazu tendieren, ›overmanaged‹ und ›underled‹ zu sein; d.h., es gibt zuviel Management und zuwenig Führung. Oder nochmals anders ausgedrückt: Es wird zuviel Energie in die Beherrschung von Routine gesteckt und zuwenig in die Entwicklung von Visionen für die Zukunft.

Dazu ein Beispiel: Führer sind dadurch charakterisiert, daß sie ein Problem entdecken, finden oder erkennen, lange bevor es virulent wird. Manager befassen sich routinemäßig erst dann mit einem Problem, wenn es auftritt, wenn es für jedermann erkennbar auf dem Tisch des Hauses liegt.

Obwohl sich mit Büchern zum Thema »Führung« ganze Straßenzüge pflastern lassen – es soll ungefähr 350 verschiedene Definitionen des Begriffs »Führung« geben –, können auch wir hier dieses Thema nicht ganz ausklammern. Die Zusammenhänge zwischen Führung, Rollenmodellen und gelebter Unternehmenskultur sind einfach zu erdrückend. Aber vielleicht können wir uns, was einen historischen Abriß der Führungsforschung betrifft, einigermaßen kurz fassen:

Ursprünglich dominierte die ›Great-Man‹- bzw. Eigenschaftstheorie der Führung. Zum Führer wurde man danach geboren, nicht gemacht. Für den ernsthaften Forscher ging es nur noch darum, die Eigenschaften zu identifizieren, die einen Führer ausmachen. Weltweit wurden Hunderte von Untersuchungen angestellt, die zum Teil zu kuriosen Ergebnissen führten. So konnte z. B. jemand der Führer einer Gruppe sein, obwohl er weniger intelligent als die Gruppenmitglieder war. Wer will da noch ein Führer werden? Insgesamt führte dieser Ansatz in die Irre: Allgemeingültige Führungseigenschaften ließen sich nicht nachweisen.

Als nächstes kam die Entdeckung, daß es sehr stark von der jeweiligen Situation abhängt, ob jemand als Führer erfolgreich ist oder nicht. Bestimmte Ereignisse oder Situationen machten aus gewöhnlichen Menschen begnadete Führer. Dies führte zur Theorie vom situationsgerechten Führen, einer Theorie, die auch gern scherzhafterweise als ›Big-Bang‹-Theorie, d. h. als Theorie vom großen Knall, bezeichnet wird. Eine entsprechende Situation und ein entsprechender Mensch treffen aufeinander, und – Knall! – ein Führer war da.

In vielen Management-Seminaren wird heute noch das situationsgerechte Führen gepredigt. Die Führungskräfte sollen lernen, sich besser auf die Situation, d.h. auf die Aufgabe, den einzelnen Mitarbeiter, die Gruppe usw., einzustellen, um daraus gezielte Führungsmaßnahmen ableiten zu können. Die große Moderator-Variable in diesem System, die Führungskraft mit ihrer einmaligen Persönlichkeit (das ist jetzt nicht ironisch gemeint), blieb weitgehend unberücksichtigt. Unausgesprochen ging man davon aus, daß jedermann erfolgreich führen könne, wenn er sich nur entsprechend auf eine gegebene Situation einstellte – eine Utopie.

Sich über die Führungsforschung lustig zu machen ist einfach, etwas wirklich Intelligentes zum Thema »Führung« auszusagen ist es nicht. Denn Führung ist etwas, ähnlich der Liebe, von dem jedermann weiß, daß sie existiert, die aber niemand definieren kann. Vielleicht ist das, was der französische Kubist Georges Braque über Kunst sagt, auch auf den Begriff »Führung« anzuwenden: »Das einzige, auf das es in der Kunst ankommt, ist das, was nicht erklärt werden kann.«

Einer der jüngsten Anläufe, dem Phänomen »Führung« näherzukommen, wurde von dem bereits erwähnten Warren Bennis unternommen. Er interviewte neunzig Führer, und zwar Führer, die neue Ideen realisiert und den Metabolismus ihrer Organisation gründlich verändert hatten. Zwei Drittel der Befragten stammten aus der Wirtschaft, das restliche Drittel rekrutierte sich aus Persönlichkeiten des öffentlichen Lebens wie Universitätspräsidenten, Orchesterdirigenten, Behördenchefs, Coachs von Sportvereinen, Führern von nationalen Bürgerinitiativen. Dazu gehörte auch Neil Armstrong, der erste Mann auf dem Mond, ein wirklicher amerikanischer Held.

Als Untersuchungsmethode, sofern man davon in einem streng wissenschaftlichen Sinne sprechen kann, verwendete Bennis eine Kombination aus Interviews und Beobachtung. Weitgehend unstrukturiert, wurden in den Gesprächen nur drei standardisierte Fragen gestellt:

- Was sind Ihre Stärken und Schwächen?
- Gibt es eine besondere Erfahrung oder ein bestimmtes Ereignis, die Ihren Management-Stil oder Ihre Philosophie besonders beeinflußten?
- Gab es wesentliche Augenblicke, in denen die Weichen für Ihre Karriere gestellt wurden, und was denken Sie heute über die Wahl, die Sie damals getroffen haben?

Die Interviews wurden in Dialogform geführt; die Interviewpartner stellten in aller Regel ebenso viele Fragen wie der Interviewer. Um die jeweilige Unternehmenskultur besser kennenzulernen, lebten die Interviewer in zehn Fällen bis zu fünf Tage mit den Befragten zusammen; zum Teil war sogar für Familienanschluß gesorgt. Allgemein dauerten die Interviews im Schnitt vier Stunden.

Um die Fallstricke der ›Great-Man‹- und der ›Big-Bang‹-Theorie zu vermeiden, konzentrierte sich Bennis auf Kompetenzbereiche im Sinne von Fähigkeiten (›skills‹), die er bei allen neunzig Gesprächspartnern identifizieren konnte. Fähigkeiten, die sich in bestimmten Verhaltensweisen ausdrücken, haben den Vorteil, daß sie unmittelbar zu beobachten sind und sich leichter kategorisieren lassen.

Ein Gesamtergebnis sei gleich vorweggenommen: Führung ist der Einsatz von Fähigkeiten, über die zwar eine Mehrheit verfügt, die aber nur von einer Minderheit benutzt werden. Führen ist erlernbar.

Bei der Sichtung der Ergebnisse kristallisierten sich vier verschiedene Strategien heraus, nach denen die Befragten verfuhren:

Strategie 1: Gemeinsam getragene Visionen

Eine von Visionen geleitete Unternehmensführung – das mag leicht abgehoben, unrealistisch, ja geradezu hochnotgefährlich klingen. Dabei sind Visionen über die Zukunft und die

86

Entwicklung eines Unternehmens etwas ausgesprochen Sinnvolles. Ohne Visionen – im Augenblick vielleicht nur eine vage Idee, ein Traum oder bereits eine präzise Zielsetzung bzw. eine konkrete Absichtserklärung – geht es nicht.

Alle neunzig befragten Führer erwiesen sich als ausgesprochene Spezialisten im Entwickeln und Realisieren von Visionen. Mit Hilfe stark zukunftsorientierter Vorstellungen war es ihnen gelungen, zuerst sich selbst zu aktivieren und dann später die Mitarbeiter mitzureißen. Visionen waren das eigentliche Instrument, um Aufmerksamkeit, Motivation und Engagement der Mitarbeiter auf ganz bestimmte Brennpunkte zu konzentrieren.

Im Unterschied zu bloßen Phantasten und Träumern waren alle neunzig Befragten weit überdurchschnittlich ergebnisorientiert, um nicht zu sagen: ergebnisbesessen. Und Ergebnisse, d.h. Erfolge, wirken auf andere ausgesprochen attraktiv, sie machen neugierig, sie ziehen die Aufmerksamkeit auf sich, man will teilhaben am Zustandekommen des Erfolgs.

Um auf den Unterschied zwischen Führern und Managern zurückzukommen: Beide arbeiten mit unterschiedlichen Zeithorizonten, und sie benutzen unterschiedliche Energiequellen:

– Zeithorizont
  Vor vielen Jahren bereits hat Elliot Jaques, Direktor des Institute of Organization and Social Studies an der Brunel-Universität in England, die Idee entwickelt, die Bezahlung eines Mitarbeiters von der Zeitspanne abhängig zu machen, während der er selbständig und weitgehend unkontrolliert arbeiten kann. Jaques' Vorschlag bestand darin, mit wachsendem Zeithorizont des Mitarbeiters die Bezüge anzuheben, was zumindest indirekt bereits in relativ vielen Betrieben realisiert ist. Jaques geht von folgender Zuordnung von Zeithorizont und Rang innerhalb der Hierarchie von Großbetrieben aus:

Rang	Zeithorizont	Planungsaktivität
Vorstandsvorsitzender	20 Jahre	Visionen über die Zukunft des Unternehmens
übrige Vorstandsmitglieder	12 bis 15 Jahre	Rahmenkonzepte
Bereichsleiter	7 Jahre	umfassende Programme
Hauptabteilungsleiter	3 bis 5 Jahre	Projekte
Abteilungsleiter	1 ½ Jahre	Trends
Gruppenleiter	6 Monate	Aufgabenaggregate
Mitarbeiter	1 Tag bis 1 Monat	einzelne Aufgaben

Diese Aufstellung kann dazu anregen, einmal darüber nachzudenken, inwieweit im eigenen Fall Rang und Zeithorizont übereinstimmen, aber auch darüber, über welchen Zeithorizont hinweg und von wem im eigenen Unternehmen gedacht wird. Oder, mit anderen Worten, wer ist für Visionen zuständig?

– Energiequellen
Bennis geht davon aus, daß Führer vor allem mit den emotionalen und geistigen Ressourcen einer Organisation arbeiten, also mit Werthaltungen, Wunschvorstellungen, Sehnsüchten, mit der Bereitschaft, Verpflichtungen einzugehen oder – wie es heute so schön heißt – sich einzubringen. Manager im Gegensatz dazu operieren mehr mit den materiellen Ressourcen, mit Technik, mit Kapital, mit menschlicher Arbeitskraft.

Jeder einigermaßen fähige Manager kann dafür sorgen, daß seine Leute im Unternehmen ihr Brot verdienen. Der exzellente Manager sieht darauf, daß die Arbeit effizient, termingerecht und auf einem hohen Qualitätsniveau erledigt wird.

Dem effektiven Führer bleibt es vorbehalten, den Mitarbeitern zu helfen, auf ihre Arbeit stolz und mit sich selbst zufrieden sein zu können. Führer inspirieren ihre Leute zu hohen Leistungen, indem sie ihnen zeigen, daß sich der

Einsatz lohnt. Und damit wird eines der wesentlichen menschlichen Bedürfnisse angesprochen, nämlich der Wunsch, wichtig, nicht jederzeit austauschbar und Teil eines erfolgreichen Unternehmens zu sein.

Damit keine Mißverständnisse aufkommen: Führungsfunktionen in diesem Sinne wahrzunehmen ist nicht nur Aufgabe des Vorstands oder der Geschäftsleitung, sondern aller Führungskräfte.

Wie bereits früher ausgeführt, sind starke Kulturen u. a. eindeutig in dem Sinne, daß man sich im Unternehmen auf einige Grundwertvorstellungen geeinigt hat, die von allen Mitgliedern einer Organisation verstanden, bejaht und getragen werden.

Im Idealfall sind diese Wertvorstellungen Bestandteil einer übergreifenden Vision, die ursprünglich von einem Führer oder einem Führungsgremium entwickelt wurde.

Wie läßt sich nun praktisch mit Visionen arbeiten, worauf kommt es dabei an? Soweit dies überhaupt einigermaßen systematisch darstellbar ist, bieten sich hier drei Schritte an:

1. Entwickeln von Visionen

Die befragten neunzig Führer waren keine Genies, sondern vor allem Menschen, die wußten, wo sie sich Anregungen und Ideen holen konnten. Auffallend gut ausgeprägt war ihre Fähigkeit zum Zuhören. Viele der Befragten unterhielten ein regelrechtes Netzwerk von Informationsquellen, wobei sie sich auf Kontakte mit Leuten spezialisiert hatten, die ähnlich zukunftsorientiert dachten wie sie selbst, also auf Menschen, »die das Gras wachsen hören«.

2. Entscheiden

Alle Befragten hatten eine Meisterschaft darin entwickelt, aus alternativen Visionen der Zukunft die angemessenste herauszufinden. Zu Hilfe kamen ihnen bei dieser Aufgabe einige Fähigkeiten:

- Voraussicht im Hinblick darauf, ob ihre Vision mit der allgemeinen Entwicklung des Organisationsumfeldes übereinstimmt;
- Rücksicht auf Tradition und eine gegebene Unternehmenskultur, die durch die Vision verletzt werden können;
- Tiefenwahrnehmung, um das neue Bild, die Vision, im entsprechenden Detail und in der richtigen Perspektive sehen zu können;
- periphere Wahrnehmung mit dem Ziel, mögliche Reaktionen von Wettbewerbern und anderen Störgrößen rechtzeitig erkennen zu können;
- Revision, d.h. für einen ständigen Vergleich zwischen den Entwicklungen im Umfeld und der eigenen Idee, der eigenen Vision die Voraussetzungen schaffen.

3. Suchen von Zustimmung

Um nicht auf Visionen sitzenzubleiben, geht es schließlich darum, Gefolgsleute zu finden; die Organisation muß über die neue Richtung informiert, die entsprechenden Weichen müssen gestellt werden.

Der Erfolg von Führern hängt entscheidend von ihrer Kommunikationsfähigkeit ab, von ihrem Geschick, eine Vision zu übermitteln. Wer Wert darauf legt, daß aus Betroffenen Beteiligte werden, für den verbietet es sich von vornherein, eine Vision per Anweisung in die tagtäglich gelebte Praxis umsetzen zu wollen.

Wie unmittelbare Beobachtungen der befragten Führer zeigten, handelt es sich bei ihnen um einen Prozeß der Überzeugung, der freundlichen Überredung, um damit eine optimistische und vielleicht manchmal sogar enthusiastische Atmosphäre des Neuanfangs zu schaffen.

Wer sich der Aufgabe stellt, Visionen zu vermitteln, versucht nichts Geringeres, als die Kultur des Unternehmens zu verändern. Entsprechend den Ausgangsvoraussetzungen, dem Alter des Unternehmens, der Änderungsresistenz der tradierten Vorstellungen, kann in vielen Fällen nicht mit schnellen Erfolgen gerechnet werden. Das, was gegebenenfalls über Jahrzehnte gewachsen ist, läßt sich nicht innerhalb von ein oder zwei Jahren ändern. Vorübergehend eine zündende Kampagne zu fahren und dann zu hoffen, man hätte dem Unternehmen damit eine neue Ausrichtung gegeben, dürfte sich schnell als idealistisch und utopisch herausstellen. Entscheidend ist das, was im Arbeitsalltag, im täglichen Miteinander, tatsächlich gelebt und realisiert wird. Die Strategie eines Unternehmens zu verändern ist, relativ gesehen, einfach. Wesentlich schwieriger gestaltet sich dagegen die Verzahnung einer neuen Strategie mit einer gegebenen Kultur, was auch eine der Ursachen dafür sein mag, daß sich die vielerorts mit gewaltigem Aufwand betriebene strategische Unternehmensplanung nur langsam in die Praxis umsetzen läßt. Da diese Planungen häufig von hochkarätigen Spezialisten und externen Beratern vorangetrieben werden, besteht zumindest theoretisch die Gefahr, daß über die Köpfe der Betroffenen hinweg geplant und entwickelt wird. Es überrascht daher nicht, daß die ersten Unternehmen wieder dazu übergegangen sind, strategische Planungen von den Stabsstellen weg auf die Linie zu verlagern.

Der Erfolg, mit dem eine Vision vermittelt wird, hängt wesentlich von der Wahl des Kommunikationsmittels ab. Wie bereits an anderer Stelle erwähnt, setzt die Verwendung eines neuen, bisher nicht gebräuchlichen Mediums möglicherweise ein deutlicheres Signal als die rein inhaltliche Botschaft. In einer Organisation, in der z.B. bisher mehr durch langatmige Rundschreiben kommuniziert wurde, dürfte der Einsatz eines glaubhaften Slogans mit hohem Aufforderungscharakter, eines neuen Symbols, einer

Metapher, eines Bildes, einer die Grundidee schlagartig erhellenden Visualisierung allen Beteiligten schneller und deutlicher klarmachen, daß sich etwas verändert, als eine noch so schön gedruckte Broschüre mit den neuen Unternehmensgrundsätzen.

Als Paradebeispiel für das Umsetzen einer gemeinsam getragenen Vision mag der amerikanische Computerhersteller Tandem dienen. In wohl einmaliger Weise fallen hier Produktidee und Führungsphilosophie zusammen.

Da Computer gelegentlich zusammenbrechen, kam Tandem schon frühzeitig auf die Idee, zwei Computer innerhalb einer Anlage zusammenzuschalten. Versagt ein Computer seinen Dienst, schaltet sich der zweite ein.

»Tandem ist eine Aussage über unser Produkt und über die Art und Weise, wie wir hier arbeiten. Alles arbeitet mit allem zusammen: Mitarbeiter mit Mitarbeiter, Produkt mit Produkt, sogar Prozessor mit Prozessor innerhalb eines Produkts. Alles arbeitet zusammen, um den Stand zu halten, den wir erreicht haben.«

Unterstützt wird diese Einstellung durch einen Satz klar definierter Führungsleitlinien und entsprechende Prozeduren. Die Unternehmensphilosophie unterstreicht die Bedeutung des Mitarbeiters: »Tandems größte Ressourcen sind seine Leute, kreatives Handeln und Spaß.« Diese Grundeinstellung wird weitergegeben durch entsprechende Slogans:

- »It's so nice, it's so nice, we do it twice.«
- »It takes two to Tandem.«
- »Tandemize it – means make it work.«
- Oder, wie es ein Senior-Manager ausdrückte: »Unsere Philosophie ist unsere Zukunft.«

Und es bleibt nicht bei Sprüchen. Die Politik der offenen Tür wird unternehmensweit – der Präsident schließt sich hier nicht aus – praktiziert. Jeder kann mit jedem reden. Es gibt kein offizielles Organigramm, hierarchische Grenzen existieren nicht oder spielen praktisch keine Rolle, Statusunterschiede werden nicht betont, reservierte Firmenparkplätze und Namensschilder fehlen. Es existieren kaum formelle Regeln, dafür aber mehr ungeschriebene Normen, die vor allem durch informelle Kommunikation, die nach Kräften gefördert wird, weitergegeben werden. So findet z. B. jeden Freitagnachmittag der in der Branche berühmte ›beer-bust‹ statt, bei dem jeder mit jedem reden kann.

Die Bedeutung des Mitarbeiters wird weiterhin dadurch unterstrichen, daß Tandem sich bei der Auslese neuer Mitarbeiter sehr viel Mühe gibt und dafür auch die entsprechende Zeit aufwendet. Das Unternehmen nimmt sich ernst, und um zu vermeiden, an geldgierige Karrieremacher zu geraten, wird vom neuen Mitarbeiter bereits die endgültige Zusage verlangt, bevor über das Gehalt gesprochen wird.

Wie wohl nicht anders zu erwarten, steht an der Spitze des Unternehmens ein Führer, Jim Treybig.

»Jimmy ist wirklich ein Symbol hier. Er zeigt jedem Mitarbeiter, daß er ihn für ein menschliches Wesen hält. Er gibt einem vom ersten Tag an das Gefühl, ein Teil der Organisation zu sein. Und das ist etwas, worüber die Leute hier reden.«

Und noch eine Aussage, die bewußt zum Teil unübersetzt bleibt: »Um die Firma zu verstehen, muß man einen ganz einfachen Punkt begriffen haben, Treybig is bigger than life.«

Weniger euphorisch, sondern eher lakonisch beschreibt Treybig selbst seine Philosophie: »Wir gehen davon aus, daß es sich bei unseren Mitarbeitern um erwachsene Menschen handelt.«

Bei der Einführung neuer Mitarbeiter ist Treybig persönlich anwesend, er heißt sie persönlich willkommen. Damit fördert er ihr Selbstbewußtsein, sie sind stolz, in diesem Unternehmen zu arbeiten.

Entsprechend dieser Einstellung, dieser Kultur, verbringt das Topmanagement ungefähr die Hälfte seiner Arbeitszeit damit, in Trainingsveranstaltungen und bei anderen Gelegenheiten über die Ziele und die Philosophie des Hauses zu sprechen. Eine Vision wird transportiert und gelebt, die Kriterien sind klar, auf die es bei Tandem wirklich ankommt.

Strategie 2: Sinnorientierte Kommunikation

Wenn für jemanden seine Arbeit einen Sinn hat, dann ist es ihm offenbar gelungen, eine Wertvorstellung zu realisieren. Eine Bedürfnisspannung konnte durch eine sinnorientierte Aktion abgebaut werden.

Was von arbeitenden Menschen als sinnvoll erlebt werden kann, darüber geben in reichem Maße die gängigen Motivationstheorien Auskunft:

– Mit am bekanntesten dürfte Abraham H. Maslow mit seiner Bedürfnispyramide geworden sein. Sie fehlte früher in keinem Führungsseminar. Seiner Meinung nach bauen sich Bedürfnisse wie folgt auf und bilden dadurch eine Pyramide:

● physiologische Grundbedürfnisse wie Hunger, Durst u.ä.;
● Sicherheitsbedürfnisse wie das Bedürfnis nach Stabilität, Schutz, Vorhersehbar- und Berechenbarkeit, Freisein von Angst und Chaos, der Wunsch nach Struktur, Ordnung, nach Grenzen u.ä.;
● soziale Bedürfnisse, d.h. das Bedürfnis nach Zugehörigkeit, nach Rückhalt in einer Gruppe oder einfacher: der Wunsch, nicht allein zu sein;
● Bedürfnis nach Anerkennung, d.h. nach Achtung, Respekt, Wertschätzung, Status, Beachtung, Dominanz u.ä.;
● Bedürfnis nach Selbstverwirklichung, d.h. das Bestreben, das eigene Potential zu verwirklichen, was, wenn

erfolgreich, untrennbar mit persönlichem Wachstum verbunden ist.

Maslow ging davon aus, das Auftauchen eines Bedürfnisses setze voraus, daß die vorangehenden »niedrigeren« Bedürfnisse erfüllt sind. Diese Theorie entbehrt nicht einer gewissen Augenschein-Wahrscheinlichkeit, denn wer um sein tägliches Brot zu kämpfen hat, dem steht der Sinn nicht unbedingt nach höherer Selbstverwirklichung. Wer z. B. zwar arbeitslos ist, aber noch nicht um das Überleben, sondern eher um den Lebensstandard zu kämpfen hat, für den kann das Bedürfnis nach Selbstverwirklichung nach wie vor die erste Stelle einnehmen.

– Schon umstrittener ist die Motivationstheorie von Frederick Herzberg, dem Entdecker der Hygiene-Faktoren und Motivatoren. Seiner Meinung nach stellen die Hygiene-Faktoren wie

● Maßnahmen der Unternehmensverwaltung,
● Leitung und Vorgesetzte,
● Arbeitsbedingungen,
● Gehalt und Geld,
● Kollegen und Mitarbeiter,
● Status und Sicherheit des Arbeitsplatzes

nur eine Voraussetzung dafür dar, daß überhaupt eine Leistung erbracht wird – ebenso wie Hygiene eine Grundvoraussetzung für Zusammenleben auf engem Raum ist. Solange diese Bedingungen einigermaßen erfüllt sind, herrscht Zufriedenheit; treten hier aber wesentliche Defizite auf, führt dies sehr schnell zu Unzufriedenheit. In Zeiten der Hochkonjunktur waren z. B. vor allem junge Mitarbeiter kaum über das Argument eines sicheren Arbeitsplatzes zu motivieren. Heute dagegen, da diese Sicherheit in vielen Betrieben nicht mehr gegeben ist, weil Personal abgebaut wird, kann diese Situation zur Quelle von Angst, Frustration und Unzufriedenheit werden.

Diesen Hygiene-Faktoren stellt Herzberg die sogenannten Motivatoren gegenüber, die wesentlich zur Zufriedenheit beitragen und wie ausgesprochene »Muntermacher« wirken sollen. Es handelt sich dabei um Faktoren wie

- die eigene Leistung,
- Anerkennung,
- die Arbeit selbst, wenn sie als sinnvoll erlebt wird,
- Möglichkeiten zu menschlichem und fachlichem Fortschritt und Wachstum.

Ausgangspunkt der Untersuchungen Herzbergs war die Frage: »Wann fühlen Sie sich bei Ihrer Arbeit wohl, wann nicht?« Mit auffallender Häufigkeit führten die befragten Probanden ihre Zufriedenheit auf eigene Anstrengungen zurück (siehe Motivatoren), während sie für ihre Unzufriedenheit vor allem andere und die Situation (siehe Hygiene-Faktoren) verantwortlich machten. Obwohl es sein kann, daß Herzbergs Verdienst eher darin besteht, auf einen menschlichen, allzu menschlichen Charakterzug hingewiesen zu haben, bilden seine Erkenntnisse die Grundlage einer Reihe von Maßnahmen im Zuge der Humanisierung der Arbeit, z. B. ›job enlargement‹ und vor allem ›job enrichment‹.

– Nicht vergessen sollten wir in diesem Zusammenhang die X- und Y-Theorie von Douglas McGregor. Mehr eine Management-Philosophie als eine Motivationstheorie, wird bei dieser Theorie von zwei Grundeinstellungen des Managements gegenüber Mitarbeitern ausgegangen:

- Theorie X: Das Management ist mißtrauisch, es setzt
  voraus, daß Mitarbeiter nicht von sich aus
  an Arbeit und Verantwortung interessiert
  sind. Nur über ständige Kontrolle sind die

Mitarbeiter zu einer konstanten Leistung zu bringen.

- Theorie Y: Das Management pflegt und betont gegenüber Mitarbeitern eine positive Einstellung. Man geht wie Jim Treybig davon aus, daß es sich bei den Mitarbeitern um leistungsorientierte, selbständig denkende und handelnde Menschen handelt.

McGregors Theorie hätte schon vor Jahren als banale Schwarzweißmalerei abgetan werden können, wenn es nicht einen psychologischen Mechanismus gäbe, nämlich die ›self-fulfilling prophecy‹, die sich selbst erfüllende Vorhersage, die das Ganze mit einem tieferen Sinn erfüllt. Eine X- oder Y-theoretische Grundeinstellung stellt eine Vorhersage darüber dar, wie sich die Mitarbeiter verhalten werden. Aber nicht nur das, die Einstellung beeinflußt nachhaltig das konkrete Verhalten des Managements gegenüber den Mitarbeitern, die entsprechend reagieren. Eine demotivierende Behandlung, Mißtrauen und Reglementierung bringen auch den engagiertesten Mitarbeiter in einen Zustand ausgeprägter Lethargie und Apathie. Entsprechend der ursprünglichen Vorhersage wird dann eine Situation erreicht, in der dieser Mitarbeiter aus jetzt objektiv gegebenen Gründen nur noch an der kurzen Leine und mit viel Aufsicht geführt werden kann – wie schon Max Frisch sagte: »Man wird, wie man beurteilt wird.«

Alle diese Theorien sind nicht neu und werden durch ständige Wiederholung nicht interessanter. Doch zeigt die Untersuchung von Bennis, daß die von ihm untersuchten Führer darin Meister sind, den Sinn einer neuen Unternehmensausrichtung oder einer neuen Philosophie klar herauszustellen und zu kommunizieren. Jeder Mitarbeiter erkennt, daß das, was er tut, für ihn selbst und für die Organisation Sinn macht.

Die Motivationstheorien der Vergangenheit beschränkten sich darauf, die Bedeutung einer in sich geschlossenen, als sinnvoll erlebten Arbeit herauszustellen. Der eigentliche Arbeitsinhalt und eine der eigenen Selbstverwirklichung förderliche Atmosphäre standen im Vordergrund. Es bleibt abzuwarten, ob das in Zukunft noch so stimmen wird. Denn die Ansprüche könnten steigen und damit die Schwierigkeiten, Mitarbeiterkultur und Unternehmenskultur in Einklang zu bringen. Die Mitarbeiter könnten zunehmend kritische Fragen stellen:

– Welchen Beitrag leistet das Unternehmen für den Fortschritt der Gesellschaft? Alle Motivationskriterien können innerbetrieblich erfüllt sein, es geht zu wie im Management-Bilderbuch, und trotzdem sind die Mitarbeiter unzufrieden, weil sie erkennen, daß die Produkte, die sie schaffen, die Umwelt schädigen oder zerstören, zum Mißbrauch einladen, im Endeffekt weder der Gesellschaft noch dem einzelnen zum Vorteil gereichen.
– Welche Ziele sind für uns wichtig, welche Wertvorstellungen werden durch das Unternehmen intern und extern realisiert? Getreu der Devise »Konzern – nein danke« dürfte die Zahl derjenigen zunehmen, die im Wachstum eines Unternehmens keinen absoluten Wert mehr erkennen, die der Arbeit in einem Großunternehmen eher skeptisch gegenüberstehen. Bürokratie, Anonymität, das Gefühl, nur ein Rädchen im Getriebe zu sein, das Nächstliegende nicht tun zu können, weil es politisch nicht opportun ist, diese Phänomene dürften eine zunehmend breiter werdende Spur der Demotivation nach sich ziehen.

In einem Kreis mittlerer Führungskräfte eines deutschen Unternehmens der Großchemie wurde kürzlich die Behauptung aufgestellt, daß sich 70% der Mitarbeiter nicht mit dem Unternehmen identifizierten. Um ein Haar wäre dieses Statement unwidersprochen geblieben. Ohne die Tragweite dieser

Feststellung zu erkennen, einigte man sich nach einer keineswegs leidenschaftlich geführten Diskussion darauf, daß es wohl eher nur 50 % der Mitarbeiter seien, die sich nicht identifizierten. Wenn solche Zustände gelassen akzeptiert werden, was soll man da noch machen?

Die von Bennis befragten Führer verwendeten sehr viel Zeit darauf, folgende Fragen zur Sinn- und Identitätsfindung zu klären:

- Warum existieren wir als Unternehmen?
- Worin besteht unser Beitrag?
- Was ist unsere »Mission«?
- Was ist für uns inner- und außerbetrieblich wirklich wichtig?
- Wie können wir das realisieren?

Auch wenn das Unternehmen mit Schwierigkeiten zu kämpfen hat, sei dennoch als Beispiel für eine sinnorientierte Kommunikation der Computerhersteller Apple herangezogen.

Entstanden in einer Vorortgarage, wurde Apple in weniger als sechs Jahren zu einem der führenden Hersteller in den USA. Auf dem Gebiet der Heimcomputer stieß Apple jedoch mit einem 40-Mrd.-Dollar-Giganten frontal zusammen. Für einige Mitarbeiter war die Schlacht mit IBM im Jahre 1984 ein heiliger Krieg gegen Orwellsche Kräfte, die Apples Vision zerstören wollten, im Heimcomputer ein Mittel zur Errettung der Menschheit zu sehen. Apples Werbespots im amerikanischen Fernsehen, mit dem »Großen Bruder« als negative Leitfigur, erregten allgemeines Aufsehen. Bereits 1983 verlor Apple die Hälfte seines Marktanteils an IBM. Was machte Apple, um das zu ändern?

- Das damalige Rollenmodell Jobs

Mit gewaltigen Anstrengungen wurde versucht, das Unternehmen wiederzubeleben und zu verhindern, Opfer der

Bürokratie zu werden. Vorstandsmitglied und Mitinhaber Steven Jobs (30) startete eine Kampagne, um den unternehmerischen Geist zu aktivieren, der Apple in der Vergangenheit charakterisierte.

»Steven Jobs gleicht einem guten Pokerspieler. Er spricht nacheinander mit fünf oder sechs Leuten über eine Idee und tut so, als ob er sich schon für etwas Bestimmtes entschieden hätte. Aber in Wirklichkeit beobachtet er die Augen seiner Gesprächspartner, um zu sehen, wie sie reagieren.«

Bei der Entwicklung des Computers »Macintosh« schuf Jobs eine Atmosphäre, in der die für die Computerindustrie typischen, stark individualistischen, hochtalentierten und häufig exzentrischen Soft- und Hardware-Entwickler aufblühen konnten.

– A-Player-Strategie

»Macintosh« wurde entwickelt von einer Spitzengruppe sogenannter A-Spieler, handverlesen von Jobs (»Rollenmodelle für Apple finden wir nicht an der Harvard Business School«) und so locker organisiert, daß Skeptiker von einer »Steven-Jobs-zurück-zur-Garage«-Phantasie sprachen. (In Kalifornien Phantasien zu haben und auszuleben ist Bestandteil der Alltagskultur.)

Jobs beschützte das Team vor den normalen betrieblichen Ablenkungen. »»Macintosh‹ entstand aus einem Gefühl der Gruppenzusammengehörigkeit heraus. Es war wie eine endlose Cocktailparty mit Chips und Software anstatt von Drinks.«

So trocken ist es aber nicht immer zugegangen. Es konnte früher z. B. passieren, daß Programmierer, die einen wesentlichen Durchbruch erzielt hatten, einige Flaschen billigen kalifornischen Sekts leerten. Stark beflügelt entschieden dann einige Leute, sofort mit dem nächsten Projekt zu beginnen. Obwohl dafür zwei Wochen vorgesehen waren, stand das neue Projekt, innerhalb von wenigen Stunden, noch am selben Abend. Eine weitere Champagnerparty begann, nur daß jetzt eine doppelt so teure Marke getrunken wurde. »Seitdem gibt es bei uns eine Menge Partys, und nachdem die Marketingabteilung angefangen hat, das Sprudelwasser zu bezahlen, wissen wir auch, daß wir gut gearbeitet haben.«

Bei der Entwicklung des »Macintosh« waren C-Spieler nicht länger gefragt, und B-Spielern wurde geraten, A-Spieler zu werden. Dies ging auf Kosten der bisherigen eher humanitären Kultur.

Jobs forderte sein Team ständig heraus, und gleichzeitig verhätschelte er seine A-Spieler. Bei regelmäßigen Treffen in abgelegenen Hotels in den kalifornischen Bergen verkündete er seine Philosophie:

»Es macht mehr Spaß, ein Pirat zu sein, als in der Marine zu dienen.« Eine faustdicke Anspielung auf IBM.
»Wahre Künstler sind produktiv.« Eine Erinnerung daran, daß das Projekt sich nicht bis in alle Ewigkeit im Entwicklungsstadium befinden könne.

Das Team revanchierte sich an Jobs' 28. Geburtstag mit einer riesigen Tafel am Straßenrand, auf der zu lesen stand: »Der Weg ist die Belohnung«, eine Anspielung auf die in Kalifornien weitverbreitete (ursprünglich buddhistische) Überzeugung, daß es auf dem Weg zum Ziel mehr Spaß gebe als am Ziel selbst.

Strategie 3: Klares Positionieren des Unternehmens

Damit Visionen über den Führer hinaus von allen anderen getragen und gelebt werden können, müssen diese Zukunftsprojektionen klar formuliert, attraktiv und realisierbar sein.

Klar muß aber auch die Position des Führers sein, und das in zweierlei Hinsicht:

- Im Idealfall gelingt es ihm, das Unternehmen in einem gegebenen Umfeld deutlich zu positionieren, ihm zu einer spezifischen und unverwechselbaren Position zu verhelfen.
- Darüber hinaus sollte er in wesentlichen Fragen einen unmißverständlichen Standpunkt einnehmen, auf den sich die Mitarbeiter verlassen können. Um Mißverständnissen vorzubeugen: Eine feste Position zu beziehen hat nichts mit Uneinsichtigkeit oder Halsstarrigkeit zu tun.

Beim Positionieren der Organisation ist zu berücksichtigen, daß ganz unterschiedliche Aspekte miteinander in Einklang gebracht werden müssen:

- Organisationspläne geben Aufschluß darüber, wie man sich die Zuordnung und das Zusammenspiel der einzelnen Positionen, Ebenen und Einheiten vorstellt bzw. vielleicht einstmals vorstellte. Dabei können diese Organigramme ebensoviel offenbaren wie verschleiern. Im Extremfall haben sie mit den wirklichen Machtverhältnissen, mit der real gelebten Hierarchie, nicht viel zu tun.
- Neben dem offiziellen Organigramm existiert das Bild, das sich die Mitarbeiter von ihrem Unternehmen machen, so wie sie es wahrnehmen. Dieses Bild kann geprägt sein durch Annahmen, Phantasien, Verallgemeinerungen und Überinterpretationen. Es als subjektiv und damit belanglos abtun zu wollen ist wenig hilfreich. Vergleichbar der Situation, in der bei einem Menschen Selbst- und Fremdbild deutlich auseinanderfallen, nutzt es dem Betroffenen wenig, wenn er sich selbst wesentlich positiver sieht, als es seine Umgebung tut. Behandelt wird er entsprechend den Eindrücken, die andere von ihm haben, und nicht danach, wie er sich selbst sieht.
- Ein externer Berater dagegen, der gerufen wird, um sich

ein »objektives« Bild von der Organisation zu machen, kommt möglicherweise wiederum zu anderen Ergebnissen, die vor allem davon abhängen, welche Kriterien er anlegt. Auch seine Version kann in einem umfassenden Sinne nicht objektiv sein, aber sie kann Aspekte aufzeigen, die bislang übersehen, nicht wahrgenommen oder totgeschwiegen wurden.

– Möglicherweise gibt es darüber hinaus interne Vorstellungen und Visionen, wie die Organisation aussähe, wie sie funktionierte, wenn Mißstände abgestellt wären, wenn man sich auf der Höhe der Zeit bewegte, wenn die Organisation in einem weitgehenden Einklang mit der Realität existierte. Nicht unwesentlich ist dabei die Frage, inwieweit diese Wunschvorstellungen, diese Visionen artikuliert werden können und ernst genommen werden.

– Über diese internen Sichtweisen hinaus hat die Öffentlichkeit einen Eindruck vom Unternehmen, ein Image, das wiederum abweichen kann vom Bild derer, die Mitglied der Organisation sind. Ein Unternehmen in der Öffentlichkeit als »Bank mit einer großen Elektroabteilung« zu bezeichnen, wie die Siemens AG, dürfte auf die Mitarbeiter kaum einen Einfluß haben.

Ideal wäre, wenn es gelänge, diese fünf Aspekte einigermaßen zur Deckungsgleichheit zu bringen, denn dort, wo es zu Widersprüchen kommt, wird die Unternehmenskultur geschwächt, die Integrität des Unternehmens leidet.

Abhängig vom Timing bieten sich einige Strategien an, das Unternehmen zu positionieren:

Reaktive Strategie
Dieser Ansatz besteht letztlich darin zu warten, bis extern ein wesentlicher Wandel eingetreten, bis die Situation da ist, und dann erst zu handeln. Diese Methode ist gekennzeichnet durch geringen Aufwand und häufig durch ausgesprochene Kurzsichtigkeit. Ein Hauptproblem dürfte darin liegen, daß

ein Unternehmen dann anfängt, sich nicht mehr durch sich selbst, sondern durch Wettbewerber und durch Entwicklungen, die woanders stattfinden, zu definieren. Die Firmen, die Branchen, die aufgrund japanischen Drucks in den vergangenen Jahrzehnten vom deutschen Markt verschwunden sind, sprechen hier eine deutliche Sprache. Dieser reaktive Ansatz kann nur in einem Umfeld zum Erfolg führen, das sich nur sehr langsam ändert, so daß genügend zeitlicher Spielraum vorhanden ist, um den Wandel im eigenen Haus nachzuvollziehen.

Aktive interne Strategie

Anstatt zu warten, benutzten die von Bennis untersuchten Führer die Strategie, externe Entwicklungen durch unternehmensinterne Maßnahmen vorwegzunehmen, sich praktisch bewußt auf eine mögliche Zukunft vorzubereiten. Basierend auf Prognosedaten, wurden rechtzeitig die Weichen gestellt, Mittel und Ressourcen umgeleitet und neu verteilt an die Teile der Organisation, die von externen Veränderungen besonders betroffen sein würden. Dies kann gleichbedeutend sein mit einer Umstrukturierung der Organisation, mit intensivierten Anstrengungen im Bereich der Personalentwicklung und mit Projekten, die Unternehmenskultur zu klären und neu zu orientieren.

Wer z. B. in Deutschland die Sparkassenorganisation beobachtet, dem wird nicht entgangen sein, daß diese vom Erscheinungsbild und vom Selbstverständnis ursprünglich eher an der öffentlichen Verwaltung ausgerichteten Institute seit Jahren dabei sind, über interne Veränderungen ein schlagkräftiges Marketing zu entwickeln. Dort, wo in Sparkassen früher der Innendienst, die Administration, das Sagen hatte, dominiert heute der »Markt«.

Aktive externe Strategie

Vielfältige Möglichkeiten bieten sich an, das Unternehmensumfeld durch Werbung, Öffentlichkeitsarbeit, Kontakte zu

Verbänden und zur Gesetzgebung, durch die Zusammenarbeit mit anderen Firmen u. ä. zu beeinflussen. Ergeben können sich dabei neue Geschäftsmöglichkeiten in vielleicht sogar neuen Marktnischen.

Strategien zur Integration von internen und externen Entwicklungen
Bennis beschreibt eine Art von Szenario-Technik, bezeichnenderweise QUEST (Suche) genannt, was für »Quick Environmental Scanning Technique« steht, die im Ergebnis wesentliche Hinweise dafür gibt, wie sich das Unternehmen auf zukünftige Entwicklungen einstellen kann.

Am Beispiel einer Fluggesellschaft sei nachfolgend kurz diese Vorgehensweise geschildert, die im Ansatz natürlich auch auf andere Fälle übertragen werden kann.

Der Erhebungs- und Planungsprozeß fand im wesentlichen in Form mehrerer Workshops statt, an denen das Topmanagement und drei externe Spezialisten und Berater teilnahmen.

Phasen:	*Beispiel Fluggesellschaft:*
1. Einstimmen der Teilnehmer auf den langfristigen Aspekt der folgenden gemeinsamen Arbeit durch ein Kurzreferat über die einschlägige Zukunftsliteratur	
2. Eingrenzen des Themas und Präzisieren des Betrachtungszeitraums	Die Teilnehmer einigten sich darauf, sich ausschließlich mit Entwicklungen in der Verkehrsfliegerei und den unmittelbar damit zusammenhängenden Einflußgrößen zu befassen, deren wesentliche Aus-

wirkungen auf das Unternehmen im Zeitraum von 1990 bis zum Jahre 2000 zum Tragen kommen würden. Es sollte nicht darum gehen, was passieren wird, weil das niemand vorhersagen kann, sondern darum, was passieren könnte.

3. Identifizieren der Einzelpersonen und Gruppen, die die Entwicklung wesentlich beeinflussen oder davon beeinflußt werden könnten

Die Teilnehmer erarbeiteten etwa zwanzig Personengruppen, darunter
– Passagiere,
– Mitarbeiter,
– Aktionäre,
– Wettbewerber,
– Banken,
– Regierung und Behörden.

4. Feststellen der drei wichtigsten Gruppen

Eine Wahl ergab, daß man die ersten drei der oben genannten Gruppen für die wichtigsten hielt.

5. Präzisieren der Erwartungen der Personengruppen an das Unternehmen

Bei den Passagieren z. B. trug man folgende Erwartungen zusammen:
– hoher Servicegrad,
– Sicherheit,
– niedrige Tarife,
– Pünktlichkeit und Zuverlässigkeit,
– Bequemlichkeit und Komfort.

6. Feststellen der Leistungskriterien durch die Frage: »Wenn Sie nach zwanzig Jahren das Unternehmen besu-

Die Teilnehmer einigten sich auf Kriterien wie
– Ertragskraft,
– Effizienz,
– finanzielle Risiken,

chen, wonach würden Sie sich erkundigen, um die Position des Unternehmens und seinen Erfolg einschätzen und messen zu können?«

7. Identifizieren von kritischen Ereignissen für das Unternehmen und die Branche

– Betriebsklima und die Beziehungen zu den Gewerkschaften,
– Marktsättigung,
– Sicherheitsbilanz.

Bezogen auf den Zeitraum bis zum Jahr 2000, trug die Gruppe Ereignisse zusammen wie
– Verkehrsbeschränkungen auf wichtigen Flughäfen,
– Ansteigen des Terrorismus,
– schweres Flugzeugunglück,
– steigender gewerkschaftlicher Organisierungsgrad,
– Bankrott einer großen Fluggesellschaft.

Insgesamt wurden über 200 mögliche kritische Entwicklungen auf den Gebieten Politik, Technik, Passagiere, Personal, Kapitalmarkt u. ä. identifiziert.

8. Entscheiden über die wichtigsten kritischen Ereignisse

Aus den über 200 Nennungen wurden zwölf wesentliche Ereignisse ausgewählt und dann gemeinsam ausführlich ausformuliert, um klarzustellen, was damit gemeint war.

9. Einschätzen der Wahrscheinlichkeit, mit der die ausgewählten kritischen Ereignisse eintreten könnten

In den damit verbundenen Diskussionen ging es nicht darum, Einigkeit zu erzielen, sondern um eine Klärung der zum Teil unterschiedlich eingeschätzten Wahrscheinlichkeiten. Anschließend wurde eine Liste aufgestellt, aus der die Dringlichkeit hervorging, mit der man sich mit den einzelnen möglichen Ereignissen befassen wollte.

10. Einschätzen der Wahrscheinlichkeit, mit der sich die einzelnen Ereignisse gegenseitig beeinflussen könnten

Diese Aufgabe wurde von den Workshop-Teilnehmern nach anfänglichem Zögern mit Hilfe einer einfachen Matrix gelöst.

11. Kritische Durchsicht der bisher erarbeiteten Ergebnisse

Dabei ergab sich, daß einige Aspekte zu eng gesehen worden waren, daß die ermittelten Leistungskriterien (Phase 6) zum Teil in keinem Zusammenhang mit den Erwartungen wichtiger Einflußgruppen (Phase 5) standen.

12. Entwickeln von Szenarien

Insgesamt wurden, basierend auf den Ergebnissen der Phase 10, vier Szenarien entwickelt:
- Ereignisse, die auf eine normale Entwicklung wie bisher schließen lassen;
- Ereignisse, die auf eher sehr radikale Veränderungen schließen lassen, und zwar ausgehend
  • vom Markt,
  • von der Regierung und von Behörden,
  • von wirtschaftlichen Krisenzeiten.

13. Klären der Frage, wie gut das Unternehmen auf die einzelnen mög-

Diese Phase führte zu einer Aufdeckung der Stärken und Schwächen der Organisation

lichen Entwicklungen vorbereitet ist

14. Entwickeln von Maßnahmen, um das Unternehmen klarer zu positionieren

15. Auswählen der Alternativen, die die größten langfristigen Auswirkungen auf das Unternehmen haben werden

16. Einsetzen von Projektgruppen für die detaillierte Ausarbeitung und Planung der ausgewählten Handlungsalternativen

im Hinblick auf mögliche zukünftige Entwicklungen. Insgesamt wurden 150 Handlungsalternativen entwickelt, die nach den Kategorien
– reaktive Strategie,
– aktive interne Strategie,
– aktive externe Strategie,
– kombinierte externe und interne Strategien
aufgeschlüsselt wurden. Schließlich entschied man sich in der Gruppe, vier Handlungsalternativen weiterzuverfolgen.

Über die inhaltlichen Ergebnisse hinaus hat dieses hier geschilderte Vorgehen den Vorteil, daß sich in der Gruppe nicht nur ein neues Zukunftsbewußtsein entwickelt, sondern auch ein besseres Gespür dafür, wie verletzbar das Unternehmen gegenüber gravierenden Ereignissen in der Zukunft ist.

Strategie 4: Durch Selbstmanagement zu einem positiven Selbstbild

Der Schlüssel dafür, die bisher beschriebenen Strategien erfolgreich umzusetzen, liegt – wie wohl nicht anders zu erwarten – in der Person des Führers, und zwar vor allem in der

Art und Weise, wie er mit sich selbst umgeht, wie er seine eigene Entwicklung fördert. Wie Millionen anderer Menschen auch gehen Führer pfleglich mit sich selbst um.

Diese Erkenntnis steht im Gegensatz zu einer Reihe von über die Jahrhunderte hinweg phasenweise immer wieder liebevoll gepflegten Annahmen, Mythen und Phantasien darüber, was einen Führer ausmacht:

– »Wahre Führerschaft ist etwas ausgesprochen Seltenes.«
Die auch bei uns im politischen Bereich vorhandene latente Kritik an Führungsschwäche, Passivität, Orientierungslosigkeit, an Überanpassung und an »Führungslöchern«, was sich kurz und bündig auch als Laisser-faire-Stil bezeichnen ließe, führt zu dem nicht ganz unbegründeten Schluß, daß wir entweder keine oder zuwenig Führer haben. Das mag so sein. Wie die Alltagserfahrung aber zeigt, ist die Fähigkeit zum Führen weit verbreitet; ein großer Teil der Bevölkerung nimmt in Beruf und Familie Führungsrollen ein – und zwar durchaus mit Erfolg.

– »Führer werden geboren, nicht gemacht.«
Glorifizierende Darstellungen von Führerpersönlichkeiten mögen zu dieser Annahme verleiten. Wer genauer hinsieht, wird aber erkennen, daß die Fähigkeit zum Führen erlernbar ist, sie läßt sich entwickeln. Bücher und Seminare können helfen, doch sollte nicht übersehen werden, daß es sich dabei um einen sehr persönlichen Entwicklungs- und Wachstumsprozeß handelt, gekennzeichnet durch Versuch und Irrtum, Siege und Niederlagen, Intuition und Einsicht. Oder wie es einer von Bennis' Gesprächspartnern ausdrückte: »Es ist, als ob jemand in aller Öffentlichkeit Geige spielen lernte.«

– »Führer haben Charisma.«
Vielleicht gibt es gelegentlich charismatische Führer. Doch ebensowenig wie in unserer politischen Landschaft Führer

mit Charisma auszumachen sind, fand auch Bennis bei seinen neunzig Führern irgendwelche Anzeichen von Charisma, d. h. einmalige Begabungen mit einer begnadeten Inspiration, von der Vorsehung beschenkt mit einer geradezu übernatürlichen Ausstrahlungskraft. Statt dessen handelte es sich um ausgesprochen normale Menschen, dick und dünn, groß und klein, elegant und schlicht gekleidet. Wenn es überhaupt so etwas wie Charisma gibt, dann ist es wahrscheinlich nicht die Voraussetzung zum Führen, sondern eher das Ergebnis.

– »Geführt wird nur an der Spitze der Organisation.«
In stark zentralistisch geführten Organisationen kann dieser Eindruck stimmen, doch mag das auf den Rängen unterhalb der Spitze auch ein tradiertes Alibi dafür sein, sich gemütlich zurückzulehnen, nichts zu tun, Verantwortung auf dem Weg der Rückdelegation abzuschieben und »die da oben« machen zu lassen. Auf Dauer ist eine Organisation nur dann überlebensfähig, wenn auf allen Ebenen in dem hier beschriebenen Sinne »geführt« und nicht nur »gemanagt« wird.

– »Führer kommandieren, treiben an, manipulieren und kontrollieren.«
Auch dieses Vorurteil konnte nicht verifiziert werden. Führung besteht nicht so sehr in der Ausübung von Macht durch einzelne, sondern mehr in der Fähigkeit, anderen zu helfen, ihr Können und ihre Fähigkeiten zu entwickeln, ihnen zu demonstrieren, wie gut sie sind, und die Energien aller auf die Erreichung eines gemeinsamen Ziels hin zu bündeln. Mit Mitarbeitern, an der »kurzen Leine« mehr reglementiert als geführt, die sich verschaukelt, nicht für voll genommen und mißbraucht vorkommen, ist dieses Ziel nicht zu erreichen. Bösartige Unterstellungen über die Führungsspitze machen sich breit, es wird ihr nichts mehr geglaubt, und von einem gemeinsam getragenen Ziel kann keine Rede sein. – Vielleicht trifft die Aussage des Dirigen-

ten eines großen philharmonischen Orchesters den Kern der Sache: »Um gemeinsam Musik machen zu können, kommt es vor allem auf den menschlichen Kontakt an, zwischen denjenigen, die zusammenarbeiten, muß es wahre Freundschaft geben.«

Führer verbringen erfahrungsgemäß ca. 90 % ihrer Arbeitszeit zusammen mit anderen, und wiederum während eines großen Teils dieser Zeit befassen sie sich mit Personalangelegenheiten. Sie haben zwangsläufig einen großen Einfluß auf andere, sie tragen eine große Verantwortung für oder – noch besser – gegenüber anderen.

Eine der wesentlichen Erkenntnisse der Untersuchung von Bennis besteht darin, daß Führer, um diese Verantwortung tragen zu können, vor allem für eine Person die Verantwortung übernehmen, nämlich für sich selbst. Sie haben erkannt, daß persönliche Defizite, Schieflagen und neurotische Störungen nicht nur ihr persönliches Problem sind, sondern aufgrund ihrer Multiplikatoren-Funktion zum Problem für ein ganzes Unternehmen werden können.

Um zu konkretisieren, was damit im Negativfall gemeint ist, sei an dieser Stelle auf die Untersuchungen von Manfred F. R. Kets de Vries und Danny Miller eingegangen, die als kanadische Management-Professoren und praktizierende Psychoanalytiker den bisher einmaligen Versuch unternommen haben, gewöhnlich auf Einzelpersönlichkeiten angewendete psychopathologische Kriterien auf ganze Organisationen zu übertragen:

»In vielen pathologischen Organisationen ist die Tendenz erkennbar, daß ein oder zwei Spitzenleute im Unternehmen den Ton angeben, die Strategie bestimmen und damit ein besonderes strukturelles Klima schaffen. Sofern angeschlossene Unternehmen nicht über einen starken Führer verfügen, zeigen sich uniforme Tendenzen oder zumindest neurotische Verhaltensweisen, die als komplementär zu denen der Zentrale gesehen werden müssen.«

Die beiden Autoren unterscheiden nach folgenden Kategorien:

– Paranoide Organisationen
Mißtrauen und Angst davor, im weitesten Sinne verfolgt zu werden, führen zu einem Klima übermäßiger Kontrolle und Überwachung. Raffinierte Management-Informationssysteme dienen dazu, interne und externe Bedrohungen rechtzeitig zu identifizieren und darauf vorbereitet zu sein. Die Macht ist gewöhnlich an der Spitze konzentriert, auch wenn Mitarbeiter dafür eingesetzt werden, Informationen darüber zu sammeln, »was wirklich gespielt wird«.

In paranoiden Firmen dominieren reaktive Strategien, man ist konservativ aus der Angst heraus, übermäßig innovativ zu sein, zu hohe Risiken einzugehen oder vorhandene Ressourcen zu sehr zu strapazieren. Man definiert sich nicht durch sich selbst, sondern sieht sich mehr als mögliches Opfer externer finsterer Mächte, vor denen man auf der Hut sein muß. Der strategische Management-Stil ähnelt eher dem beliebten ›muddling through‹ – oder auf gut deutsch: dem »Durchwurschteln«; zu durchgängigen eigenständigen Zielsetzungen reicht es nicht.

Um vorhandene Risiken weiter zu reduzieren, ist in diesen Betrieben eine deutliche Tendenz zu beobachten, in allen möglichen Produktbereichen zu diversifizieren, auch wenn diese nichts miteinander zu tun haben. Das Ganze kann dann wiederum nur durch ausgefeilte Kontroll- und Informationssysteme zusammengehalten werden.

Das Klima ist eher kalt, unemotional, rational. Spontane Aktionen sind unbekannt, die Realität wird oft nur noch verzerrt wahrgenommen, man ist hauptsächlich auf Defensive eingestellt.

– Zwanghafte Organisationen
Hier feiert der Perfektionismus wahre Triumphe; man ist ins Detail verliebt. Das Motiv: Fehler, Ungewißheiten, Un-

klarheiten, Unwägbarkeiten und Unsicherheiten sollen um fast jeden Preis vermieden werden. Alles ist vorgeschrieben, systematisiert und festgeschrieben. Für alles gibt es Grundsätze, Richtlinien und Handlungsanweisungen, die im Laufe der Jahre ganze Schränke füllen.

Die Hierarchie und damit Dominanz und Unterordnung spielen eine überragende Rolle. Status hat man in einer zwanghaften Organisation schon allein ohne weiteres Zutun dadurch, daß man in der Hierarchie eine bestimmte Position einnimmt.

Es dürfte wohl auch nicht weiter überraschen, daß Planung, und zwar bis ins kleinste Detail, großgeschrieben wird. Man überläßt nichts dem Zufall.

Im Gegensatz zu den paranoiden Unternehmen verfügen die zwanghaften über eine klare Ausrichtung, es gibt ein etabliertes Thema, die Märkte, auf denen sich das Unternehmen bewegt, sind sorgfältig definiert. Mischkonzerne, wie bei den paranoiden Betrieben, sind hier nicht vertreten.

Aufgrund einer starken Fixierung auf bestimmte Marktsegmente, Methoden und Denkschemata steht man einem schnellen Wandel nicht gerade aufgeschlossen gegenüber, was aber über gewisse Zeitspannen hinweg keine gravierenden negativen Konsequenzen hat, da zwanghafte Firmen häufig den Markt dominieren; sie sind meist stärker und größer als ihre Wettbewerber.

Um zwanghafte Organisationen besser zu verstehen, brauchen wir uns nur vor Augen zu halten, daß der Motor dieser Betriebe letztlich darin besteht, daß man eben nicht auf die Gnade anderer oder bestimmter Umstände angewiesen sein will. Man muß alles unter Kontrolle haben, sonst ergeht es einem schlecht.

Aus der Angst, Fehler zu machen, tut man sich mit Entscheidungen schwer, man vertagt sie lieber. Von einmal gefaßten Plänen abzuweichen ist fast unmöglich. Spontaneität gibt es hier natürlich auch nicht.

In zwanghaften Organisationen besteht eine deutliche

Tendenz, »den Wald vor lauter Bäumen nicht zu sehen«, das Unternehmen wird bis in den letzten Winkel durchorganisiert, sogar die Hofkolonne arbeitet nach einer mehrseitigen Stellenbeschreibung, aber das große Bild, die übergreifende Idee, ist verlorengegangen.

– Dramatische Organisationen

Wie der Name schon sagt, werden hier normale betriebliche Abläufe in dramatische Inszenierungen und Aufführungen umfunktioniert. Dramaturgie geht vor Ergebnis.

Man ist hyperaktiv, impulsiv, ausgesprochen unternehmungslustig und frei jeglicher Zwänge. Entscheidungsprozesse basieren weniger auf Fakten als auf Impressionen und Vorahnungen. Wagemut, die Übernahme von Risiken und Diversifikation sind die eigentlichen Themen. Um eine junge Firma in Schwung zu bringen, ist das nicht unbedingt ein schlechter Weg.

Strategische Entscheidungen dienen vor allem dazu, die narzißtischen Tendenzen des Mannes an der Spitze, seine Anflüge von Grandiosität, zu unterstützen. Für ihn ist der Betrieb eine Bühne, um eine Show nach der anderen herauszubringen. Aktionismus breitet sich aus.

Da bleibt wenig Raum für eine ordentliche Betriebsführung, die man sowieso für langweilig hält. Da mehr von Marktnische zu Marktnische gesprungen wird, kann sich eine mittel- bis langfristige Unternehmensstrategie nicht entwickeln. Das systematische Treffen von Entscheidungen auf gemeinsamer Basis wird ersetzt durch die Eingebungen des Führers. Die Struktur dieser anfänglich häufig schnell wachsenden Unternehmen entwickelt sich normalerweise nicht mit, Systeme fehlen, Kontrollmechanismen sind unterentwickelt. Für die Leute unterhalb des Führers wird das Arbeiten allmählich zum Alptraum.

Die menschlichen Beziehungen sind wenig stabil. Kollegen idealisieren sich enthusiastisch oder werten sich gegenseitig ab – je nachdem.

Die eigentliche Philosophie des Führers ist einfach: Ich möchte beachtet werden und Menschen beeindrucken.

Auf Außenstehende dürfte das alles einen reichlich künstlichen und krampfhaften Eindruck machen. Und meistens behalten sie recht. Sollte es solchen Unternehmen im Laufe der Jahre nicht gelingen, Chaos durch etwas mehr Folgerichtigkeit und Ordnung zu ersetzen, sind sie über kurz oder lang zum Scheitern verurteilt.

– Depressive Organisationen
Depressive Unternehmen überleben am ehesten in einem stabilen Umfeld, auf geschützten und regulierten Märkten ohne wesentlichen Wettbewerb. Passivität, fehlendes Vertrauen in die Zukunft, trotzdem aber die Illusion, daß es irgendwie schon immer so weitergehen werde, und eine extrem konservative Einstellung fördern ein Klima der Ziel- und Sinnlosigkeit. Was immer man unternehmen könnte: Dank einer ausgeprägten Bürokratie ist alles vorprogrammiert, die routinemäßigen Abläufe liegen seit Jahren fest, spezielle Initiativen zu entwickeln ist überflüssig und führt ins Leere. Die Organisation funktioniert mehr wie ein Mechanismus, wie eine Maschine.

An der Spitze herrscht häufig ein Führungsvakuum, ein eigentlicher Führer fehlt, wesentliche Entscheidungen sind schon seit langem nicht mehr getroffen worden. Gefühle der Machtlosigkeit und Unfähigkeit breiten sich aus.

Die vorherrschende verdeckte Botschaft lautet: »Es ist sinnlos, den Lauf der Dinge ändern zu wollen; ich schaffe es nicht.« Die Spitzenführungskräfte bewegen sich mehr in der Rolle von Hausmeistern und Nachtwächtern. Als passive Funktionäre auf einem niedrigen Leistungsniveau sind sie vor allem an der Erhaltung des Status quo interessiert.

Organisationsweit dominiert eine deutliche Binnenorientierung. Neuentwicklungen und neue Trends in der Außenwelt spielen intern kaum eine Rolle. Wenn es Unternehmen gibt, die sich durch das völlige Fehlen einer bewußt verfolgten Strategie kennzeichnen lassen, dann sind es die depressiven Organisationen. Mit Produkten und Dienstleistungen von gestern auf den Märkten von heute bestehen zu wollen hat weniger etwas mit bewußter Risikominimierung zu tun, sondern ist eher Ausfluß einer allgemeinen Lethargie. Anstatt Wesentliches zu verändern, konzentriert man sich lieber auf die Perfektionierung unwesentlicher Einzelheiten und hält sich weitgehend an die eingefahrene Routine.

Es kann kein Zweifel darüber bestehen, daß depressive Organisationen in einem mechanistischen Sinne funktionieren. Vielleicht lassen sie sich am deutlichsten durch einen Ausspruch von Mark Twain charakterisieren: »Als wir das Ziel aus den Augen verloren hatten, verdoppelten wir unsere Anstrengungen.«

– Schizoide Organisationen
Schizoide Führer erscheinen ihrer Umwelt gegenüber kalt, gefühllos, entrückt, zurückgezogen und manchmal sogar leicht unheimlich. Der eigentlich menschlich-persönliche Aspekt des Führers kommt zu kurz. Ähnlich den depressiven Organisationen entsteht auch hier ein Führungsvakuum. Integrierende Funktionen gegenüber den Mitarbeitern werden nicht wahrgenommen. Der Führer ist kontaktarm, in menschlichen Fragen unsicher, und er bewahrt seine Maske. Eine klare Ausrichtung des Unternehmens geht von ihm nicht aus.

Das Führungsloch wird in diesen Organisationen ausgefüllt von der zweiten Ebene, die zur politischen Spielwiese für Leute wird, die das Wohlwollen und die Aufmerksamkeit des eher teilnahmslosen Führers erringen wollen. Sie verfolgen vor allem persönliche Ziele, eifersüchtig bewachte Fürstentümer entstehen, die Fähigkeit zum politischen Taktieren wird zum entscheidenden Qualifikationsmerkmal.

Auf der zweiten Ebene kommt es unter diesen Umständen natürlich nicht unbedingt zu einer gedeihlichen Zusammenarbeit. Information wird zum Machtinstrument, Opportunisten machen Karriere, man torpediert sich gegenseitig, Koalitionen wechseln sich ab, Entwicklungsschritte fallen eher minimal aus, auf lange Sicht gesehen bleibt das Unternehmen auf der Strecke.

Verständlich werden schizoide Organisationen, wenn wir uns mögliche Phantasien ihrer emotional apathischen Führer vergegenwärtigen: »Sich mit der Realität einzulassen bringt mir wenig Befriedigung. Da menschliche Beziehungen meistens leidvoll zusammenbrechen, ist es sicherer für mich, mich auf Distanz zu halten, um nicht verletzt zu werden.«

Sich selbst, Kollegen, den eigenen Betrieb phasenweise innerhalb dieses psychopathologischen Panoptikums wiedererkannt zu haben ist ebenso normal wie beabsichtigt.

Was tun nun die von Bennis untersuchten Führer, um sich nicht allzusehr einer der beschriebenen Kategorien zurechnen zu müssen, was unternehmen sie, um sich »senkrecht« zu halten, was läßt sich vielleicht von ihnen lernen?

Im Grunde genommen klingen ihre Strategien lächerlich einfach; auch Menschen, die keine Führer sind, benutzen sie millionenfach:

– In den Interviews betonten die Befragten vor allem ihre Stärken. Schwächen wurden eher beiläufig erwähnt, masochistische Selbstbezichtigungen fanden nicht statt. Andererseits waren aber auch keine Anzeichen von Narzißmus, Grandiosität oder Größenwahn auszumachen. Fazit: Führer verfügen über ein realistisches, weitgehend positives Selbstbild.
– Ausgehend von Erfolgen in der Vergangenheit, setzen sie sich immer weiter gesteckte Ziele. Ehrgeizige Aufgabenstellungen werden dazu benutzt, an ihnen zu wachsen und die eigenen Talente weiterzuentwickeln. Da viele Führer

sportlich aktiv sind oder waren, sind sie es gewohnt, an ihren Leistungen gemessen zu werden.

– Durchgehend ist bei ihnen ein Gespür dafür entstanden, die Differenzen und Defizite zu identifizieren, die zwischen ihren Fähigkeiten und den beruflichen Anforderungen bestehen.

– Von der Aussage her banal, von der Wirkung her aber entscheidend war die Entdeckung, daß ein positives Selbstbild, Selbstvertrauen und Zuversicht auf andere anstekkend wirken. Eher beiläufig im täglichen Miteinander dafür zu sorgen, daß Mitarbeiter sich gut fühlen, daß sie eine positive Meinung von sich selbst haben, darin besteht möglicherweise die Quintessenz erfolgreichen Führens.

Zu Hilfe kamen den Führern einige einfache Lebensweisheiten, die sich aber viele Menschen im Laufe der Jahre erst mühsam erkämpfen müssen:

– Sie nehmen andere so, wie sie sind.
– Ihr Blick ist nach vorn gerichtet. Aus Fehlern in der Vergangenheit kann man zwar lernen, aber es bedeutet reine Energieverschwendung, alte Flops und Enttäuschungen ständig wiederzukäuen.
– Sie vertrauen anderen, weil sie gelernt haben, daß der Preis für Mißtrauen, für ein ständiges Auf-der-Hut-sein-Müssen einfach zu hoch ist.
– Sie arbeiten auch ohne den ständigen Beifall von anderen. Entscheidend sind die Ergebnisse und nicht der Glaube, es anderen ständig recht machen zu müssen.

Unsere Führer benutzten noch andere Methoden, um ihr positives Selbstbild zu stabilisieren:
– Sie konzentrieren ihre Energien auf das Erreichen von Erfolg und nicht auf das Vermeiden von Mißerfolg.
   Dies ist gleichbedeutend mit dem Unterschied zwischen positiver und negativer Leistungsmotivation. Bei positiver

Motivation arbeitet jemand, strengt sich an, wegen seiner Aussicht auf Erfolg. Das Ziel ist zum Greifen nahe, er hat etwas, worauf er sich freuen kann, in seiner Phantasie hat er bereits ein vollständiges Bild darüber entwickelt, wie es sein wird, wenn der Erfolg da ist.

Ganz anders gestaltet sich dagegen die Situation bei einer negativen Motivation: Den Mißerfolg mit all seinen verheerenden Auswirkungen vor Augen, entwickelt sich Angst, die ganze Energie wird dafür eingesetzt, Mißerfolg, Strafe, Benachteiligung zu vermeiden. Für das Gelingen der Aufgabe bleibt zuwenig Kraft. Man wagt vielleicht nicht einmal, daran zu denken, wie es wäre, wenn sich der Erfolg einstellte.

- Über diese naheliegende Methode zur Vermeidung von Selbstsabotage hinaus haben die untersuchten Führer ein lockeres Verhältnis zu Fehlern, Niederlagen und Flops entwickelt. Mißerfolge werden zwar voll realisiert und ernst genommen, aber man ergeht sich anschließend nicht in Selbstanklagen und Selbstbestrafungen. Mißerfolge werden als *die* Möglichkeit gesehen, etwas zu lernen:

● Aussage des Coach einer Basketball-Mannschaft, die nach 29 Siegen erstmals ein Spiel verloren hatte: »Großartig, jetzt können wir uns endlich auf das Siegen und nicht mehr auf das Nichtverlieren konzentrieren!«

● Ein junger Mitarbeiter, der gerade 10 Mio. Dollar »in den Sand gesetzt« hatte, sagte zu Thomas Watson sen., dem Gründer von IBM: »Ich nehme an, daß Sie jetzt meine Kündigung erwarten.« Dazu Watson: »Das kann doch wohl nicht ihr Ernst sein, nachdem wir gerade zehn Millionen für Ihre Ausbildung ausgegeben haben.«

● Auf Pleiten in der Vergangenheit angesprochen, antwortete der Vorstand eines großen Lebensmittelkonzerns: »Es ist ähnlich wie beim Skifahren. Wer nicht hinfällt, lernt es nicht.«

- Die befragten Führer arbeiten mehr mit Zug als mit Druck.
Abgesehen davon, daß eine solche Methode allen Beteiligten mehr Spaß macht, ist sie auch in jeder Beziehung gesünder. Die Führer setzen das Prinzip der positiven Leistungsmotivation auch gegenüber ihren Mitarbeitern ein.
Auf lange Sicht gesehen ist diese Art der Führung, dieses Mitziehen, unter Umständen sogar Mitreißen, effizienter als das Ausüben von Druck, zumal Druck auch immer im weitesten Sinne Bestrafung impliziert – sonst wäre es kein Druck.
Vielleicht wird von daher einsichtiger, welche ausschlaggebende Rolle Visionen spielen, von denen eine entsprechende Sogwirkung auf alle Beteiligten ausgeht.

Kommunikation

Kultur, d.h. Wertvorstellungen, Normen, geschriebene und ungeschriebene Gesetze, offene und verdeckte Botschaften werden in einem Unternehmen nicht nur bei besonderen Anlässen, sondern ständig im betrieblichen Alltag weitergegeben. Dabei dürften sich in der Praxis zwei Tendenzen abzeichnen:

1. Die informelle Kommunikation ist der formellen an Geschwindigkeit und Glaubwürdigkeit häufig weit überlegen. Nicht umsonst wird die Bedeutung des inoffiziellen Austauschs heute neu entdeckt und zum Teil »offiziell« nach Kräften gefördert.
Wer genau hinsieht, wird unschwer erkennen, daß viele Menschen, wenn sie zusammen sind, am liebsten über das »Geschäft« reden. Beim Plausch am Schreibtisch, bei Unterhaltungen in der Kantine, bei Gesprächen am Abend von Seminar- und Besprechungstagen, im Kontakt am Rande einer betrieblichen Feier, bei dem gemeinsamen Bier, bei all diesen Gelegenheiten wird unmerklich und sicherlich unbeabsichtigt Kultur weitergegeben.

Diese Form der Information eilt der offiziellen Unterrichtung oft um Längen voraus. Man betrachtet sie auch als zuverlässiger, weil man denjenigen, von dem man etwas erfährt, in aller Regel kennt. Und im persönlichen Gespräch kann man ganz andere Dinge sagen, man kann über Hintergründe reden, man kann Vermutungen und Spekulationen anstellen, d.h., es werden Bedürfnisse befriedigt, die die formelle Kommunikation nicht abdecken kann.

2. Die mündliche Kommunikation ist in aller Regel wesentlich wirkungsvoller als schriftliche Verlautbarungen, Rundschreiben, Grundsätze und Leitbilder.

Papier ist in diesem Zusammenhang nicht nur geduldig, sondern geradezu tot. Mit einer Broschüre über Führungsrichtlinien kann sich niemand unterhalten. Getreu der Devise »Was man schwarz auf weiß besitzt, kann man getrost nach Hause tragen«, besteht oftmals die fatale Tendenz, daß das, was endgültig formuliert und endlich gedruckt vorliegt, damit praktisch auch erledigt ist. Man braucht sich nicht mehr weiter darum zu kümmern, schließlich hat man es schriftlich.

Bekanntlich wird aus Information erst durch den Austausch Sender und Empfänger Kommunikation. Die Bedeutung des sichtbaren Managements, die Vorbildfunktion eines Rollenmodells, erklärt sich zum Teil daraus, daß hier unmittelbar miteinander gesprochen wird. Das Medium wird zur Botschaft.

Wodurch wird Kultur kommuniziert, bei welchen Gelegenheiten wird sie ausdrücklich transportiert?

Slogans

Slogans, selbst wenn sie von ausgesuchter Plattheit sind, verraten häufig eine Menge darüber, welche Grundwerte für das Unternehmen wichtig sind, oder aber auch, welchen Eindruck – notfalls völlig unabhängig von einer gelebten Realität – man bei anderen erwecken möchte. Und damit sind wir bei einem spezifischen Problem von Slogans angelangt.

In der amerikanischen Fachliteratur wird die Bedeutung von Slogans immer wieder groß herausgestellt. Unbeantwortet bleibt aber die Frage, ob diese Slogans für bare Münze genommen werden, ob man ihnen glaubt.

Vor Slogans, die z.B. den unmittelbaren Erfahrungen der Mitarbeiter voll widersprechen, sei ausdrücklich gewarnt. Slogans dieser Art werden zumindest in deutschen Betrieben als Humbug eingestuft und für Verballhornungen freigegeben. In einem deutschen Unternehmen der Großchemie wurde z.B. der Slogan »...(Firmenname) denkt weiter« propagiert. Innerhalb von Stunden hatten die Mitarbeiter daraus »...schläft weiter« gemacht. Oder eine bayerische Bank arbeitete jahrzehntelang mit dem Wahlspruch »Eine Bank, die Ihr Vertrauen verdient«; die interne Version dazu lautete: »Eine Bank, die *an* Ihrem Vertrauen verdient«.

Geschichten

Henry Fords Ausspruch, daß das Modell T in allen Farben lieferbar sei, sofern es sich dabei um Schwarz handele, hat sich über die Jahrzehnte hinweg gehalten. Unschwer erkennbar ist das dahinterstehende Prinzip einer sehr weitgehenden Rationalisierung der Produktion, eine Maxime, die auch heute nichts an Aktualität eingebüßt hat.

Geschichten haben mit Geschichte zu tun. Sie reflektieren Veränderungen im Unternehmen, durch sie werden tradierte Wertvorstellungen in verschlüsselter Form weitergegeben, sie tragen aber auch dazu bei, daß sich neue Kulturen entwickeln.

Nun könnte man annehmen, daß die Geschichten, die man

sich in einem Betrieb erzählt, einzigartig und ausgesprochen unternehmensspezifisch sind. Neuere Untersuchungen haben aber ergeben, daß es nur einige zentrale Themen sind, um die sich viele Geschichten ranken:

– »Ist der oberste Boß ein Mensch?«

Diese weltbewegende Frage wird über Geschichten beantwortet, in denen ein Mitglied der Unternehmensspitze meist unvermittelt nackt auf einen einfachen Mitarbeiter trifft. Es entsteht eine menschliche Situation, deren Dramatik vom Statusunterschied zwischen den Beteiligten bestimmt wird. Gelingt es jetzt dem Boß, durch sein Verhalten – er fängt z. B. ein Gespräch an – die hierarchische Distanz zu überbrücken, gilt er fortan als Mensch. Bleibt er stumm, d. h., ein Gruß wird nicht oder nur notdürftig erwidert, dann sind berechtigte Zweifel an seinen menschlichen Qualitäten nach wie vor angebracht.

– »Kann man auch als einfacher Mitarbeiter in die Unternehmensspitze aufsteigen?«

In Geschichten dieser Art werden die Kriterien, die die Aufstiegsmöglichkeiten bestimmen, unmittelbar angesprochen. Hier werden Zweifel beseitigt oder bestätigt, die darüber bestehen können, ob es wirklich auf Leistung und Befähigung ankommt oder ob nicht doch die formale Ausbildung oder ganz einfach der richtige »Stall« den Ausschlag geben. Je nach Sachlage werden diese Geschichten entweder bewundernd oder verbittert erzählt.

– »Wird mir gekündigt?«

Kündigungen stellen in jedem Falle dramatische Ereignisse dar. Über sie lassen sich besonders aufregende Geschichten erzählen, bei denen es nicht nur darauf ankommt, ob gekündigt wird oder nicht, sondern bei denen auch die Umstände interessieren, denn sie gewähren tiefe Einblicke in den Stil, der in einem Hause praktiziert wird.

Über Erzählungen hinaus, die darüber berichten, ob ein Unternehmen in schlechten Zeiten Mitarbeiter entläßt oder hält, eröffnet sich das weite Feld individueller Kündigungen. Wenn einem Vorstandsmitglied zwei Tage vor Weihnachten nach einem gemeinsamen Opernbesuch mit seinen Kollegen in der Tiefgarage vom Vorsitzenden endlich gesagt wird, daß sein Vertrag nicht verlängert wird, dann ist das zweifellos erzählenswert.

Noch härter sind die Geschichten über Leute, die nach der Rückkehr aus dem Urlaub ihren Stuhl besetzt oder ihren Schreibtisch auf dem Gang wiederfinden. Geradezu humoristische Untertöne haben Storys, in denen am Abend einem Mitarbeiter gekündigt wird, man ihn am nächsten Morgen wieder einstellt und dieses Theater mehrmals innerhalb eines Jahres gespielt wird.

– »Wie reagiert der Chef auf Fehler?«
Hier gibt es zwei einfache Antworten. Entweder der Chef vergibt oder nicht. Aber auch erzählenswerte Zwischenlösungen sind denkbar: Ein Abteilungsleiter hatte bei einer Verkaufsaktion das geplante Budget ohne Rücksprache weit überzogen. Für diese Kompetenzüberschreitung war er streng und spürbar gerügt worden. Da aber die Aktion ein voller Erfolg war, wurde er gleichzeitig zum Direktor befördert.

– »Was passiert bei Katastrophen?«
Gemeint sind damit vor allem Schwierigkeiten und Vorfälle, die von außen her, wie z. B. bei Feuer, Wasser, Schnee, Krieg u. ä., auf den Betrieb einwirken. Es kann sich aber auch um hausgemachte Pleiten handeln, verursacht durch Fehler von Mitarbeitern. Gerade bei Katastrophenge-

schichten ist immer wieder zu hören, wie einsatzfreudig alle waren, wie sich bei den Aufräumungsarbeiten auch höhere Chargen nicht zu schade waren, selbst Hand anzulegen, wie gut und reibungslos alle Tag und Nacht zusammengearbeitet hatten – fast so schön wie die Geschichten über den Neuanfang nach dem Zweiten Weltkrieg.

Manche Ereignisse sind aus dem Stoff, aus dem Geschichten gemacht werden, manche nicht. Erlebnisse, die weitererzählt werden, befassen sich verdeckt häufig mit Spannungen, die sich ergeben, wenn unterschiedliche Wertvorstellungen und unausgesprochene Grundannahmen aufeinandertreffen.

Es ist nicht einfach, diese Dualitäten aufzulösen, da das zugrundeliegende Ereignis unter widersprüchlichen Aspekten gesehen werden kann, die gleichzeitig sowohl erwünscht als auch unerwünscht sind. Geschichten drücken Spannungen aus, die sich aus diesen Dualitäten ergeben; möglicherweise tragen sie dazu bei, diese Spannungen zu reduzieren.

Welche Dualitäten lassen sich erkennen?
Geschichten vom Typus »Ist der oberste Boß ein Mensch?« und »Kann man auch als einfacher Mitarbeiter in die Unternehmensspitze aufsteigen?« haben etwas mit Statusungleichheit zu tun. In einer Gesellschaft, in der – wenn auch häufig sehr verschwommen – Gleichheit propagiert wird, führt die hierarchische Struktur eines Unternehmens zu einer unangenehmen Konfrontation mit dem Phänomen der Ungleichheit. Diese Gleichheit-Ungleichheit-Geschichten dienen dazu, auftretende Spannungen zu artikulieren und sie im positiven Fall zu relativieren. Der oberste Boß ist doch ein Mensch, und in letzter Konsequenz geht Leistung vor Status. Endet die Geschichte mit einer Niederlage des »kleinen Mannes«, verstärkt sich dagegen das Gefühl der Ungleichheit.

Geschichten wie »Wird mir gekündigt?« und »Wie reagiert der Chef auf Fehler?« drücken die individuelle Unsicherheit darüber aus, daß Aktionen hochgestellter einzelner oder der Organisation das Leben des Mitarbeiters von Grund auf ändern können. Sich finanzielle und emotionale Sicherheit zu bewahren ist wesentlicher Bestandteil des Selbstbildes der meisten Menschen. Auf der anderen Seite müssen sich Organisationen das Recht vorbehalten, die Sicherheit des einzelnen zu verletzen, wenn das Unternehmen als Ganzes überleben will.

Über Geschichten zu diesem Themenkomplex, wenn sie für den Mitarbeiter gut ausgehen, wird eine Vorhersage darüber getroffen, daß das Sicherheitsbedürfnis berücksichtigt wird, ein negativer Ausgang zeigt dagegen, daß sich das Unternehmen darüber hinwegsetzt.

In Geschichten wie »Was passiert bei Katastrophen?« spiegelt sich die Frage, ob der Betrieb unvorhergesehene Ereignisse kontrollieren kann oder nicht. Alles unter Kontrolle zu haben ist eine Illusion, die sowohl von einzelnen Menschen als auch von Organisationen gehegt und gepflegt wird. Durch positive Versionen wird im Zuhörer das Vertrauen gestärkt, daß alle Ereignisse unter Kontrolle gebracht werden können oder sich das Unternehmen immer zu helfen weiß. Geraten Ereignisse außer Kontrolle, wird das Gefühl der Ohnmacht, der Hilflosigkeit verstärkt.

Insgesamt informieren Geschichten nicht nur über gelebte Werthaltungen, sondern sie dienen auch als Ventil, um Spannungen abzubauen, die man anderweitig nicht loswerden kann, sofern nicht grundsätzliche Voraussetzungen total, wie z. B. bei der Machtungleichheit, verändert werden.

Spiele und Manöver

Vielleicht ist folgende Situation nicht ganz unbekannt: Jemand sitzt mit Kollegen aus anderen Abteilungen in einem Meeting, es geht um ein neues Projekt. Das Gespräch wird sachlich geführt, und man diskutiert intensiv über Daten und Fakten. Trotzdem beschleicht unseren »Jemand« zunehmend ein Gefühl der Unwirklichkeit. Das Meeting kommt nicht vom Fleck, man tritt schon seit einer Viertelstunde auf der Stelle, obwohl das Engagement der Beteiligten keineswegs nachgelassen hat. Da greift unser »Jemand« zu einem Trick, er stellt sich die naheliegende Frage: Worüber reden wir hier tatsächlich, geht es wirklich um Zahlen oder ihre Interpretation? Und unser »Jemand« erkennt plötzlich, daß eigentlich über etwas ganz anderes gesprochen wird, nämlich über Fragen wie »Wer hat recht?«, »Wer ist der Mächtigere?«, »Unter wessen Leitung wird das Projekt laufen?« oder »Wer hat sich hier wem unterzuordnen?«

Dieses unausgesprochene zweite Programm ist die eigentliche Agenda, und aller Wahrscheinlichkeit nach läuft ein unproduktives psychologisches Spiel, wie es zwischen einzelnen Mitarbeitern, aber auch zwischen Abteilungen und ganzen Unternehmensbereichen häufig jahrelang und voller Hingabe gespielt werden kann.

Derartige Spiele, die fast unbewußt ablaufen, haben bei näherem Hinsehen häufig ein einfaches Motto. Obwohl täglich neue Spiele erfunden werden, sei nachfolgend der Versuch unternommen, die geläufigsten Spiele darzustellen:

– »Wir brauchen mehr Daten.«
   Es fällt nicht schwer, dieses Spiel zu spielen. Gilt es, in einer Gruppe eine Entscheidung zu treffen, bei der die Alternativen nicht ganz klar sind, können Sätze fallen wie »Unsere Informationen sind noch nicht ausreichend« oder »Wir müssen warten, bis sich ein deutlicherer Trend herausstellt« oder »Mit den Vorarbeiten der Stabsleute können wir nichts anfangen, sie sind nicht aussagefähig«. Passiert dies in regelmäßigen Abständen immer wieder, dann dürfte die Entscheidung – wenn überhaupt – zu spät getroffen werden.
   Um dieses Spiel auflösen zu können, wird man nicht umhinkönnen, Hintergründe auszuloten. Handelt es sich hier um ein Symptom einfacher Entscheidungsschwäche,

weil die Betroffenen es gewohnt sind, auf Entscheidungen von »oben« zu warten? Oder sollen hier Entscheidungen blockiert werden, weil sich ein Teil der Betroffenen Nachteile wie Status- und Funktionsverluste ausrechnet? Jede Spielanalyse wird sich letztlich darauf konzentrieren müssen, die Frage zu klären: Wovor hat man Angst?

– »Das hätte nie passieren dürfen.«
Dieses Spiel wird dann gern gespielt, wenn unvorhergesehene Flops und Katastrophen auftreten: »Wenn der und der seine Arbeit richtig gemacht hätte, wäre es nie soweit gekommen, oder das und das wäre einfach nicht passiert.« Anstatt sich mit der eingetretenen Situation konkret und konstruktiv zu befassen, wird der Schuldige gesucht, und vielleicht stellt man sogar erleichtert fest, daß man nach dem Motto »Das ist nicht mein Bier« nicht zuständig ist. Das Fehlern innewohnende Lernpotential wird nicht erkannt, Entscheidungsschwäche und die Tendenz, Fehler nach Möglichkeit unter den Teppich zu kehren, können die Folge sein.

– »Wer kann das entscheiden?«
In Kommissionen und Projektgruppen kann der Fall eintreten, daß Entscheidungen getroffen werden müssen, die durch bisherige Verfahren und Gepflogenheiten nicht abgedeckt sind: »Wir könnten das zwar entscheiden, aber niemand verfügt hier über die entsprechende Kompetenz« oder »Das muß jemand weiter oben entscheiden«. Tritt diese Situation gehäuft auf, kann die Gruppe das wohlige Gefühl genießen, alles getan, ohne etwas bewegt zu haben.

– »Wir sind ganz nahe dran.«
Auf Anhieb nicht leicht zu erkennen, bewegt man sich bei diesem Spiel zwischen zwei Alternativen, ohne sich zu entscheiden. Man steht ständig kurz vor einer Entscheidung, man diskutiert ernsthaft miteinander, die Beiträge der ein-

zelnen sind wichtig, sinnvoll, intelligent und weitblickend, »Wir sind ganz nahe dran«, doch kann man sich nicht endgültig entscheiden. So dauert das Spiel möglicherweise Wochen und Monate.

– »Was wird Meier dazu sagen?«
Dieser Meier ist natürlich nicht irgendein Meier, sondern *der* Meier, gewöhnlich ein Mitglied der Unternehmensspitze oder der Vorstandsvorsitzende selbst.

In Gruppen, in denen Angst und Mißtrauen stärker ausgeprägt sind als Mut und Vertrauen, kann eine Entscheidung oder Stellungnahme bis in die Unendlichkeit hinausgezögert werden, indem man sich gemeinsam darüber Sorgen macht, immer wieder darüber spekuliert, wie wohl Meier reagieren wird.

Dieses Spiel funktioniert allerdings nur dann, wenn sich alle eisern und unausgesprochen an die Regel halten, Meier niemals zu fragen, was er denn wirklich denkt. Das wäre unfair und machte das Spiel kaputt.

– »Ja, aber…«
Im Verkaufstraining einstmals als Gipfel der Einwandbehandlung gegenüber dem Kunden gepriesen, lassen sich in Gruppen mit diesem Spiel hervorragend neue Ideen abblocken; schließlich handelt es sich um ein kompetitives Spiel. Macht jemand einen Vorschlag, erwidert man ihm nach dem Motto »Ja, aber…« und beweist ihm dann, daß sein Vorschlag in der Praxis nicht funktionieren kann, daß man es woanders damit schon vergeblich versucht hat usw.

Diese und ähnliche Killerphrasen finden am Ende ihren absoluten logischen Höhepunkt in der Argumentation »Es geht nicht, und wissen Sie, warum? – Weil es nicht möglich ist.«

Dieses Spiel kann aber auch aus einer anders gelagerten Situation heraus gespielt werden, nämlich dann, wenn jemand Hilfe sucht, einen Ratschlag will und jede Anregung nach der »Ja-aber«-Methode abschmettert: »Ja, das klingt ja ganz gut, aber bei mir geht das nicht, die Gegebenheiten sind anders, andere können das vielleicht, ich nicht, es ist zu schwer für mich, ich habe das und das schon versucht, aber...« Schließlich steht der Ratgebende da wie ein begossener Pudel, er hat sich angestrengt, aber alle seine Tips sind abgelehnt worden.

Diese und ähnliche Spiele werden nicht nur in Gruppen gespielt, sondern auch zwischen Stab und Linie, Technikern und Kaufleuten, einer Zentrale und der Regionalorganisation, zwischen Einkauf und Verkauf, Innendienst und Außendienst. Bei diesen traditionellen Frontstellungen sind die Rollen meist längst verteilt; jeder weiß, wer die Sieger und Verlierer sind.

Psychologisch gesehen, gibt es in diesen Spielen drei vorbewußte Rollen, nämlich Opfer, Verfolger und Retter:

Opfer: Opfer haben Angst, etwas falsch zu machen, sie warten lieber ab, sie hoffen, daß etwas von allein besser wird. Sie sind mehr oder minder hilflos, unsicher, und sie tun sich gern leid. Von sich aus unternehmen sie nichts, und sie lehnen auch jede Verantwortung ab. Gott und die Welt sind schuld, aber nicht sie selbst.

 Opfer üben indirekt häufig eine große Macht aus, da sie durch ihr Verhalten bei anderen sehr viel Energie binden. Um Opfer muß man sich ständig kümmern, Opfer arbeiten gekonnt mit moralischer Erpressung, man hat Angst um sie, daß etwas mit ihnen passiert, sie etwas nicht schaffen, sie im entscheidenden Augenblick umfallen.

 Woran kann man Opfer erkennen? Über ihre Unsicherheit hinaus fällt es ihnen schwer, einen klaren Standpunkt einzunehmen, zum Kern der

Sache zu kommen. Ihre Sprache ist durchsetzt mit Phrasen, durch die sie andere offen oder verdeckt ständig um Erlaubnis bitten, etwas tun zu dürfen. Wenn jemand Rat sucht, aber mehrmals hintereinander die ihm gegebenen Tips ablehnt, dann ist er, psychologisch gesehen, ein Opfer. Je früher man das merkt, um so besser, denn Opfern ist wirklich so nicht zu helfen.

Verfolger: Verfolger sind im weitesten Sinne hinter anderen her, sie suchen Opfer. Ihre Spezialität ist es, durch ihr überkritisches, bestrafendes, zurechtweisendes und arrogantes Verhalten bei anderen Gefühle der Minderwertigkeit, der Schuld, des Versagens, der Unterlegenheit zu provozieren. Ihr Verhalten macht unsicher und löst nicht selten erhebliche Verwirrung aus. Als Vorgesetzte betonen sie Macht- und Statusunterschiede, sie lassen Mitarbeiter nie im unklaren darüber, wer oben und wer unten steht. Streng, kleinlich und auf genaueste Einhaltung von Regeln und Anweisungen versessen, geben sie damit angepaßten Mitarbeitern indirekt sehr viel Sicherheit. Diese brauchen sich nur an die Vorschriften zu halten – schlimmstenfalls bis zur völligen Sinnlosigkeit und Absurdität –, und sie sind gedeckt; sie haben nur das gemacht, was man von ihnen verlangt hat.

Verfolger kann man daran erkennen, daß sie, nachdem sie eine Kritik angebracht haben und der Gesprächspartner glaubt, die Sache wäre damit erledigt, weiterfahren zu kritisieren. Vorwurf folgt auf Vorwurf. Und: Verfolger sind nachtragend.

Retter: Als eigentlich maskierte Verfolger tun Retter so, als ob sie anderen helfen wollten. Psychologisch betrachtet, ist ihr Ziel mit dem der Verfolger identisch: Ich bin in Ordnung, du nicht. Auch sie sind auf der Suche nach Opfern. Nur verhalten sie sich ganz anders.

Retter kümmern sich um alles, sie sorgen dafür, daß nichts passiert, sie geben ungefragt gute Ratschläge und gehen insgeheim davon aus, daß man sie befolgt und dankbar ist.

Diese Hoffnung geht nur ganz selten in Erfüllung, denn Opfer haben eine schlechte Eigenschaft, sie sind nicht dankbar.

Die »Hilfe« der Retter macht unselbständig, abhängig und trägt nichts dazu bei, daß jemand flügge wird und in Zukunft für sich selbst sorgen kann. Besonders stark ausgeprägt ist die Retter-Rolle in der Politik: Das sind die Menschheitsbeglücker, die genau wissen, was für andere gut ist – ohne sie jemals danach gefragt zu haben. Im Konfliktfalle, d.h., jemand will sich nicht retten lassen, ziehen sie sich dann gern auf den Standpunkt zurück, daß die Betreffenden aufgrund widriger Umstände noch nicht reif genug sind, ihren Vorteil selbst zu erkennen.

Und damit wird nochmals deutlich, daß zwischen Rettern und Verfolgern keine großen Unterschiede bestehen: Um diese Rollen, die nicht bewußt eingenommen werden, durchhalten zu können, muß man andere erst für unfähig erklären.

Retter geben durch ihr Verhalten anderen indirekt die Erlaubnis, Fehler zu machen, etwas nicht zu können, zu scheitern, denn wäre es anders, dann gäbe es auch für sie nichts mehr zu retten.

Destruktive Spiele, wie in den vorangegangenen Beispielen beschrieben, sind praktisch ein Vehikel, die unbewußten psychologischen Rollen auszuleben, zu bestätigen und zu verstärken. Wer in eine der Rollen geht, macht seiner Umgebung damit ein Angebot, jetzt auch in eine identische oder komplementäre Rolle einzusteigen.

Spiele fangen in aller Regel damit an, daß jemand einen psychologischen Köder auswirft. Beißt der andere an, dann folgt meistens ein längeres Geplänkel, das sich sachlich und plausibel anhört. Man redet bzw. man tut so, als ob man vernünftig und offen miteinander spräche. Gleichzeitig wird aber das Gespräch bestimmt durch eine unausgesprochene Tagesordnung, durch die versucht wird, in verdeckter Form die eigene Rolle zu bestätigen. Irgendwann wird aber dann doch deutlich, was eigentlich »gespielt« wird, die versteckte Agenda wird offensichtlich, es kommt zu dramatisch schnellen Rollenwechseln, ein Retter entpuppt sich plötzlich als stark manipulierender Verfolger, das Opfer, mit dem man es nur gut meinte, wird zum Verfolger. Alle Beteiligten sind verwirrt und bleiben als Verlierer zurück.

Spiele dieser Art, sofern sie entschlüsselt werden, erlauben tiefe Einblicke in das eigentliche Funktionieren einer Organisation. Häufig verhindern sie den offenen Kontakt, die offene Konfliktaustragung, man spielt mit gezinkten Karten.

Es liegt auf der Hand, daß damit Subkulturen gestärkt und die Gemeinschaft als Ganzes geschwächt werden. Persönliche Interessen, Ressort- und Abteilungsdenken gewinnen die Oberhand, man tut im schlimmsten Fall nur noch so, als wäre man ein einziges zusammenhängendes Unternehmen, das in Wirklichkeit längst in verschiedene Fraktionen zerfallen ist.

Um Spiele zu identifizieren, bedarf es eines erheblichen psychologischen Durchblicks, den die Betroffenen selbst meist nicht mehr aufbringen. Dabei geht es nicht nur darum, zu erkennen, wann Spiele gespielt werden, sondern auch um eine Interpretation des Stellenwerts, den diese Manöver in der Zusammenarbeit einnehmen, welche unausgesprochenen

Normen, welches Selbstkonzept der Organisation sie ausdrücken und gleichzeitig formen.

Rituale

Rituale erfüllen im Betriebsalltag eine Doppelfunktion: Sie
können eine Unternehmenskultur stärken, aber auch durch
Vernebelung dessen, worauf es wirklich ankommt, schwächen. Im positiven Falle sind Rituale szenische Dramatisie-
rungen von Wertvorstellungen mit grundlegender Bedeutung.
Rituale symbolisieren ernstgemeinte Überzeugungen, die für
die Kultur eines Unternehmens wesentlich sind. Verbunden
mit herausragenden Ereignissen machen Rituale direkt oder
indirekt Leitbilder und Wertvorstellungen deutlich.

Anerkennungsrituale, z. B. Jubiläen, Siegesfeiern, bei Au-
ßendiensten die Aufnahme in den Kreis der besten Verkäu-
fer, bei Nachwuchsleuten die Mitgliedschaft in einem För-
derkreis, öffentliche Belobigungen, die Teilnahme an Incen-
tive-Reisen: all diese Gelegenheiten sollen ausdrücken, worauf es in einem Unternehmen ankommt – und was belohnt
und gefeiert wird. Rituale fungieren als Vehikel dafür, Zielsetzungen klarzustellen.

Eine ähnliche Funktion erfüllen Initiationsriten, d. h. Rituale, die beim Eintritt in eine Gemeinschaft ablaufen. Sie
sollen dem neuen Mitglied klarmachen, was zählt. Wenn einem frischgebackenen Diplomingenieur, von einer Elite-Uni-
versität kommend, in den ersten Minuten seiner beruflichen
Laufbahn auf einem Außenposten der Firma in Südamerika
ein Besen in die Hand gedrückt und er aufgefordert wird,
erst einmal zusammenzukehren, dann dürfte dies für den jungen Mann frustrierend und verwirrend sein. Daß es in diesem Betrieb nicht so sehr auf formelle Ausbildung ankommt,
sondern darauf, selbst Hand anzulegen, dürfte ihm aber auch
schlagartig klarwerden. Parallelen dazu finden sich z. B. in
Markenartikelunternehmen, in denen fast jeder – weitgehend

unabhängig davon, was er studiert hat – erst einmal im Verkauf anfängt.

Im Negativfall ist der Zusammenhang zwischen Ritualen und Wertvorstellungen verlorengegangen. Rituale werden dann zu überholten, manchmal zopfigen, eigentlich lächerlichen Leerformeln, mit denen versucht wird, die Zeit totzuschlagen, sich vor Entscheidungen zu drücken, Auseinandersetzungen und Konfrontationen aus dem Weg zu gehen, sich gegenseitig etwas vorzumachen.

Ein Paradebeispiel dafür im öffentlichen Leben sind Tarifverhandlungen, besonders dann, wenn ihnen ein Arbeitskampf vorausgegangen ist. Sich zu einer normalen Tageszeit zu einigen verbietet die Dramaturgie. Nein, es muß nächtelang gerungen werden, und ein neuer Tarifabschluß sollte möglichst kurz vor Morgengrauen zustande kommen, so daß sich die Gewerkschafts- und Arbeitgebervertreter, völlig übernächtigt, im ersten Morgenlicht den Fernsehkameras stellen können.

Auch in Betrieben kann häufig beobachtet werden, wie Rituale sich verselbständigen, wie sie zum Ballast bei der Realisierung grundlegender Zielsetzungen werden.

So kam man z. B. bei der Analyse des Zeiteinsatzes eines Vorstandsvorsitzenden zu folgenden Ergebnissen:

- 95 % seiner Zeit verbrachte er in Meetings.
- Wiederum ein Großteil dieser Meetings war geplant.
- Die Meetings dienten langen und komplexen Präsentationen mit einer Unzahl von Fakten und graphischen Darstellungen.
- Das eigentliche Ziel der Meetings war es, Entscheidungen zu erleichtern und zu treffen.
- Bedingt durch Zeitdruck, durch eine Überfülle von Zahlen und eine daraus resultierende Verwirrung hinsichtlich der tatsächlich zur Verfügung stehenden Möglichkeiten, kam es nur zu wenigen Entscheidungen.

136

Man glaubte in diesem Unternehmen an saubere, auf Fakten beruhende Entscheidungsprozesse und das auf möglichst breiter Ebene. Die Rituale, die diese Überzeugung stützen sollten, führten zunehmend ein abgelöstes Eigenleben, sie machten die Realisierung der ursprünglichen Zielsetzung weitgehend unmöglich.

Zu einem regelrechten Mißbrauch von Ritualen kommt es dann, wenn sie eingesetzt werden, um bestimmte Sachverhalte zu verschleiern. Als häufiges Beispiel bieten sich Besprechungen im größeren Kreis an, äußerlich als Plattform für eine gemeinsame Entscheidungsfindung gedacht. Aber die Diskussionsveranstaltung entpuppt sich als Akklamationsrunde, an Einwänden ist man nicht interessiert, denn die Entscheidung ist längst getroffen. Aber man unternimmt immerhin den Versuch, den Betroffenen »das Gefühl zu geben«, sie hätten an der Entscheidung mitgewirkt.

Derartige Besprechungen werden aufgrund einer versteckten Tagesordnung zu hohlen Ritualen, um naiven Mitarbeitern Sand in die Augen zu streuen. Quasi zu Ritualen verkommen, werden ursprünglich kooperative Führungsmittel in einem autoritären Sinne umfunktioniert.

Fazit: Rituale nehmen im Rahmen der Unternehmenskultur einen wichtigen Rang ein. Doch ist zu prüfen, ob damit Wertvorstellungen transportiert werden, die auch im gewöhnlichen Alltag gelebt werden. Über diesen Blick hinter die Kulissen hinaus gilt es aber auch, die Frage zu klären, ob ausufernde Rituale einer Verwirklichung von Werten nicht eher im Wege stehen.

Symbolisches Management

Rollenmodelle setzen, ohne sich dabei anzustrengen, symbolisches Management ein, um Ideen über den Tisch zu bringen. Gemeint sind damit Aktionen, Handlungsweisen und Inszenierungen, durch die allen Beteiligten – meistens ohne viele Worte – schlagartig klar wird, was sich geändert hat, worum es geht, worauf es ankommt.

Dazu zwei Beispiele:

1. Ein neuer Firmenchef, der zu Beginn des ersten offiziellen Treffens mit seinen unmittelbaren Mitarbeitern wortlos die bisher verbindliche dreibändige »Allgemeine Führungsanweisung« in einen Papierkorb krachen läßt und anschließend seinem Management ein Blatt Papier aushändigt, auf dem alles steht, was für das Unternehmen während der nächsten zwölf Monate wichtig sein wird, der setzt damit ein unvergeßliches und deutlicheres Signal als mit einem noch so ausgefeilten Vortrag.
2. In Los Angeles war die Zeitung *Herald Examiner* zehn Jahre lang bestreikt worden. Da es während dieses Arbeitskampfes, der sich hauptsächlich zwischen gewerkschaftlich organisierten und nichtorganisierten Arbeitnehmern abspielte, zu schweren Ausschreitungen mit Toten gekommen war, war schon vor Jahren der Haupteingang verbarrikadiert worden. In einer Atmosphäre emotionaler Hochspannung war endlich eine Einigung zustande gekommen, und die Zeitung bekam gleichzeitig einen neuen Chefredakteur. Mit den Worten »Wollen wir nicht wieder die Sonne hereinlassen?« schlug er als erstes vor, den verschlossenen Haupteingang als Symbol des Kampfes und der Niederlage wieder zu öffnen.

Sprache

In fast allen beschriebenen Situationen spielte ein Medium eine entscheidende Rolle: die Sprache, ob gesprochen oder geschrieben. Kulturen über die Sprache zu entschlüsseln ist jederzeit möglich und verursacht über gutes Zuhören oder aufmerksames Lesen hinaus keinen nennenswerten Aufwand. »In der Sprache, die wir sprechen, liegt das ganze Geheimnis.«

Selbst wenn wir diesem euphorischen Ausspruch der beiden Psycholinguisten Richard Bandler und John Grinder nicht ganz folgen, bietet die Sprache entscheidende Einblikke. Durch sie wird Kultur schließlich weitergegeben und geformt.

Auch ohne wissenschaftlichen Ehrgeiz zu entwickeln, wird man nach kurzer Zeit Antworten auf folgende Fragen finden:

- Worüber wird hauptsächlich gesprochen? Was scheint wichtig zu sein, was bewegt den einzelnen?
- Wie wird gesprochen? Welcher Ton wird angeschlagen?
- Welche Begriffe tauchen immer wieder auf?
- Welche ständig wiederkehrenden Phrasen werden benutzt?
- Worüber wird nicht gesprochen? Welche Tabus und Wahrnehmungstrübungen bzw. Realitätsverluste stecken dahinter?
- In welchen Situationen wird verallgemeinert?
- Wann kommt es zu Fehlinterpretationen der Realität, was will man damit erreichen oder vermeiden?
- Mit welchem Modell der Welt wird unausgesprochen in einer Organisation gearbeitet?
- Welche Annahmen über sich selbst und andere verbergen sich hinter bestimmten Äußerungen?

Diese Liste ließe sich fast unbegrenzt fortsetzen. Die genannten Fragen sind nicht nur auf Unternehmen anwendbar, sondern – quasi zu Übungszwecken – auch auf dieses Buch.

Systeme

Ähnlich aufschlußreich wie die Sprache sind die in einem Betrieb etablierten Management-Systeme.

Die Tagesordnung von Besprechungen gibt z. B. Auskunft über Prioritäten. Womit beschäftigt man sich hauptsächlich? Vergleichbare Einblicke gewähren Informationssysteme. Welche Daten werden erfaßt und zurückgemeldet? Planungssysteme wie z. B. MbO (Management by Objectives) reflektieren inhaltlich ganz bestimmte Dimensionen einer Kultur. Aber auch der damit verbundene Prozeß, d. h. das Handling dieser Systeme, kann Aufschluß geben über den in einer Organisation gelebten Umgangsstil. Wie offen und ehrlich oder auch wie taktisch und manipulativ verhält man sich bei Zielvereinbarungsprozessen?

Für Mitarbeiter wohl am unmittelbarsten erlebbar sind die im Unternehmen eingesetzten Personalsysteme. Wie laufen Bewerbungen ab? Wie intensiv werden Einstellungsgespräche geführt? Wie hoch ist die Informationsbereitschaft in diesen Gesprächen? Wie geht man mit Leuten um, die sich nicht auf Anhieb mit dem Selbstverständnis der Organisation vereinbaren lassen?

Über die Einführung und Orientierung neuer Mitarbeiter hinaus: Ist eine systematische Personalentwicklung erkennbar, sind Beurteilungsgespräche ein administratives Ritual oder ein wichtiges Instrument der Mitarbeiterförderung? Wofür wird man im weitesten Sinne belohnt, wofür bestraft?

5. Integration: Unternehmenskulturen in Abhängigkeit von Branchen, Mitarbeiterbedürfnissen und Unternehmensstrategien

»Bei der Lösung eines Problems ist es sehr hilfreich, wenn man die Antwort schon kennt.«

Genauigkeitsregel aus *Murphy's Law*

Wie jeder Mensch ist auch jede Kultur eines konkreten Unternehmens ein Einzelfall. Wer etwas verändern will, wird nicht umhinkönnen, die gelebte Kultur präzise zu analysieren, sie auf Grundströmungen, Leitmotive, verdeckte und offene Grundannahmen über sich selbst und die Umwelt zu untersuchen.

Um aber ein derartig komplexes Gebilde wie Kultur zumindest in einem ersten Anlauf halbwegs in den Griff zu bekommen, um eine vage Idee zu entwickeln, wie die Kultur des eigenen Unternehmens gesehen und eingeordnet werden kann, braucht man Modelle, die diese erste Analyse leichter machen.

Erklärungsmodelle haben den Vorteil, daß sie meist in stark vereinfachender Form versuchen, die Realität abzubilden. Wer den Wald vor lauter Bäumen nicht mehr erkennt, dem hilft ein Modell, den Wald wieder wahrzunehmen, auch wenn er die einzelnen Bäume dann nur noch schemenhaft sieht.

Und damit ist gleichzeitig ein Nachteil von Erklärungsmodellen angesprochen: Es werden quasi Idealtypen aufgestellt, die in dieser Form in der Wirklichkeit nicht existieren. Die Gefahr ist daher groß, anhand von Modellen zu vorschnellen Zuordnungen zu kommen, eine differenzierte Realität zu simplifizieren, wichtige Nuancen zu ignorieren, vorhandene Mischformen nicht zu erkennen.

Nachfolgend wird der Versuch unternommen, Zusammenhänge zwischen Unternehmenskultur und Branchenzugehörigkeit, Mitarbeiterbedürfnissen und Unternehmensstrategie zu klären. Der erkenntnispraktische Vorteil liegt auf der Hand: Die angebotenen Modelle erleichtern das Einordnen konkreter Unternehmenskulturen.

Branchenspezifische Unternehmenskulturen

Unterschiedliche Branchen haben oder sind unterschiedliche Kulturen. Die Differenzen, die zwischen einem Kaufhauskonzern und einem Bauunternehmen oder zwischen einem Immobilienmakler und einem Versorgungsunternehmen bestehen, sind für jedermann meist innerhalb von Minuten spürbar und erlebbar.

Deal und Kennedy haben ein Erklärungsmodell entwikkelt, das sich in Form einer einfachen Matrix darstellen läßt (vgl. Abb. 3).

		niedrig ——— Risiko ——— hoch
Feedback	schnell	Verkaufskultur / Spekulationskultur
	langsam	Verwaltungskultur / Investitionskultur

Abb. 3: Branchenspezifische Kultur-Matrix

Es wird mit zwei Kriterien gearbeitet, die die Kultur indirekt stark beeinflussen:

Risiko:	Welchem Risiko unterliegen, objektiv und subjektiv, Entscheidungen und konkretes Handeln? Gemeint sind damit vor allem Risiken, wie sie vom Markt her auftreten können.
Feedback:	Wie schnell bzw. wie langsam erfolgt ein Feedback darüber, ob Entscheidungen richtig bzw. konkretes Handeln erfolgreich waren? Auch hier hatten die beiden Autoren vor allem die Geschwindigkeit im Auge, mit der Erfolge oder Mißerfolge vom Markt zurückgemeldet werden.

Entsprechend diesen Kriterien ergeben sich folgende Kulturen:

Verkaufskultur

Gekennzeichnet durch ein schnelles Feedback und ein relativ geringes Risiko, entwickelt sich diese Kultur vor allem in Verkaufs- und Vertriebsorganisationen, im Einzelhandel, zum Teil bei Computer-Herstellern, Immobilien- und Finanzmaklern (z. B. früher der Vertrieb von Bauherrenmodellen), bei Autohändlern, bei dem Verkauf von Tür zu Tür, bei dem Vertrieb von Massenartikeln wie z. B. »Hamburger«.

Der Erfolg kommt mit der Häufigkeit der Kundenkontakte und mit der Hartnäckigkeit, mit der Abschlüsse versucht werden. Da ein Abschluß mehr oder weniger nicht zum Bankrott des Unternehmens führt, bestehen geringe Risiken. Die Situation wird auch dadurch erleichtert, daß man sich einen schnellen Überblick darüber verschaffen kann, was am Markt ankommt oder nicht.

Die Mitarbeiter sind eher jung, aktiv und experimentierfreudig. Vom Auftreten her freundlich, extrovertiert, charmant und umgänglich wird Eloquenz bewußt dafür eingesetzt, andere zum Teil humorvoll zu manipulieren.

Da sie dem Kunden häufig als Einzelkämpfer gegenüberstehen, ist die Rückendeckung durch ein Team besonders wichtig. Die Mitarbeiter in Verkaufskulturen sind in aller Regel gute Teamspieler.

Man neigt zu schnellen und unkomplizierten Entscheidungen. Das Phänomen der »Paralyse durch Analyse« ist hier nicht anzutreffen. Anstatt sich den Kopf zu zerbrechen, probiert man lieber etwas Neues in der Praxis aus. Eine starke Handlungsorientierung ist deutlich spürbar.

Da man gern miteinander redet und sich austauscht, gibt es in Verkaufskulturen eine ausgeprägte Kommunikation, die von einem Gefühl der Zusammengehörigkeit, des Teamgeistes und der Kameradschaft getragen wird. Nicht umsonst ranken sich Rituale besonders um Gelegenheiten, bei denen gemeinsamer Spaß erlebt werden kann. Wettbewerbe, Meetings, Tagungen, Seminare, Ausflüge haben einen hohen Stellenwert. Man schreckt nicht zurück vor »Gelagen« und Witze-Marathons, manchmal wird sogar gemeinsam gesungen, oder man erzählt sich Geschichten darüber, wie man mit schwierigen Kunden fertig geworden ist.

Der Erfolg wird am Umsatz gemessen, nicht am Risiko – und Erfolge werden gefeiert. Die finanziellen Anreize sind für die Mitarbeiter nicht unbedingt von überragender Bedeutung. Die Zugehörigkeit zu einer erfolgreichen Mannschaft ist ein nicht zu unterschätzender Motivationsfaktor.

Die Stärke von Verkaufskulturen beruht darauf, daß sehr schnell sehr viel bewegt werden kann. Dem stehen aber einige Nachteile gegenüber:

– Quantität geht vor Qualität. Der stark ausgeprägte Wunsch, zu verkaufen, verleitet dazu, sich mit Folgeproblemen nach einem Verkauf nicht mehr ausreichend zu befassen. Eine Spielart dieses Phänomens tritt z. B. immer wieder in der Versicherungswirtschaft auf: Die Produktion, d. h. das Schreiben von Versicherungspolicen, steigt in einem bestimmten Zeitraum stark an, was sich dann später auch in Form einer entsprechend erhöhten Stornoquote niederschlagen kann.

- Kurzfristiges Erfolgsdenken dominiert. Mit der Überlegung, daß der augenblickliche Erfolg den Verlust eines Marktes oder mittelfristig den Untergang des Unternehmens bedeuten kann, hält man sich nicht lange auf.
- Die Mitarbeiter fühlen sich vor allem an das Team und nicht so sehr an das Unternehmen gebunden. Daraus erklärt sich auch, daß wiederum in der Versicherungsbranche ganze Verkaufsmannschaften die Gesellschaft wechseln. Treten Krisen oder schwierige Zeiten auf, hat man nicht die Ausdauer, das Volumen und den Nerv, diese Probleme durchzustehen.
- In Verkaufskulturen wird man nicht alt. Hohe Fluktuationsraten führen zwar dazu, daß das Durchschnittsalter der Mitarbeiter relativ niedrig ist, doch gehen dem Unternehmen dadurch die Leute verloren, die eine Kultur weitergeben könnten. Bei einer jährlichen Fluktuation von 100% fängt das Unternehmen praktisch immer wieder von vorne an.

Verkaufskulturen sind gut beraten, Prozesse entsprechend zu verlangsamen und die stark aktionsorientierten Mitarbeiter zu beruhigen, um oberflächliche und kurzsichtige Entscheidungen zu vermeiden. Das bei IBM übliche Schild an der Wand mit der Aufschrift »Think« war vor diesem Hintergrund eingeführt worden. Es sollte dazu beitragen, ein ausgewogenes Verhältnis zwischen Qualität und Aktivität, zwischen Identität und Wachstum herzustellen.

Spekulationskultur

Geprägt durch schnelles Feedback über Erfolg und Mißerfolg sowie durch mittlere bis hohe finanzielle Risiken, findet sich diese Kultur überall dort, wo mit Wertpapieren, Devisen, Rohstoffen u.ä. spekuliert wird. Aber auch in den Bereichen Mode, Kosmetik, Profisport, Werbung und Wagnisfinanzierung sind Spielarten dieser Kultur zu erkennen.

Die Strategie ist ausgerichtet auf das schnelle Wahrnehmen von Chancen. Man liebt schnelle Geschäfte und eine schnelle Mark.

Die Mitarbeiter sind meistens jung oder doch psychisch jung geblieben. Meist individualistisch und mit einem hohen Selbstvertrauen versehen, entwickeln die Mitarbeiter einen erheblichen Ehrgeiz: »Zeig mir einen Gipfel, und ich besteige ihn.«

Spekulationskulturen sind häufig auch ein Nährboden für eine Macho-Subkultur: Man gibt sich hart, kämpferisch, aggressiv; man lebt ständig im Wettbewerb mit anderen. Sensibilität und Emotionalität bleiben auf der Strecke, sie dürfen nicht gezeigt werden.

Dauernd unter einem hohen Entscheidungsdruck stehend, bewegt man sich in einem entsprechend risiko- und entscheidungsfreudigen Klima.

Kommuniziert wird kurz, knapp und meist blitzschnell. Ein Beispiel dafür ist die an der Börse verwendete Kurzsprache.

Interne Kooperation findet nur bedingt statt. Die Mitarbeiter sind häufig miserable Mannschaftsspieler. Hektik und Konkurrenzdruck verhindern, daß sich stabile und gereifte Gruppen entwickeln.

Da es das Ziel jeglichen Spekulierens ist, Gewinne zu machen, sind die Mitarbeiter an finanziellen Erfolgen in Form von Prämien, Provisionen und Tantiemen unmittelbar beteiligt. Vermögen werden über Nacht gewonnen – was im Amerikanischen treffend als ›smart money‹ bezeichnet wird – oder verloren: »Another day, another dollar« oder »Neues Spiel, neues Glück«.

Belohnung erfolgt aber nicht nur in barer Münze. Spekulationskulturen neigen dazu, ihren erfolgreichen Mitgliedern in Form von Star- und Persönlichkeitskulten zu huldigen.

Als modern geltende Management-Methoden werden zu Ritualen, damit gegenseitig der Eindruck erweckt wird, man habe an alles gedacht und alles getan, um Entscheidungen abzusichern und die Hektik zu dämpfen.

Spielernaturen sind abergläubisch. Es bleibt daher nicht aus, daß einzelne Mitglieder für Außenstehende kaum nachvollziehbare Marotten entwickeln, so z. B., wenn jemand glaubt, nur dann Erfolg zu haben, wenn er ein bestimmtes Sakko trägt. Oder wenn eine Gruppe erfolgreicher Investoren es ablehnt, einen weiteren Partner in ihren Kreis aufzunehmen, weil das dazu führen könnte, daß sich das Blatt wendet.

Spekulationskulturen Vorteile abzugewinnen fällt nicht leicht. Sie sind die Bühne, auf der sich Spieler bewegen. Da es nicht darum geht, Qualität zu produzieren, einen guten Service zu bieten oder einen Beitrag zur Entwicklung der Gesellschaft zu leisten, erschöpft sich das Hauptmotiv zumindest nach außen darin, möglichst schnell und möglichst ohne produktive Arbeit möglichst viel Geld zu verdienen.

Es entsteht eine Kultur, in der Aberglaube, Kurzsichtigkeit, Aggressivität und fehlende Kollegialität belohnt werden. Weder über Mißerfolge noch über die, die sie verursacht haben, wird lange gesprochen. Sie verschwinden in der Obskurität, eigentlich hat es sie nie gegeben. Eine starke Kultur kann sich unter diesen Umständen nicht entwickeln, denn es gibt fast nichts, was sich weiterzugeben lohnte.

Im Grunde sind derartige Kulturen nur aus dem menschlichen Spieltrieb erklärbar. Denn wir sollten nicht übersehen, daß Spekulieren ein aufregendes Leben garantiert. Ein professioneller Wertpapierspekulant z. B. ist praktisch den ganzen Tag unter Spannung. Am Morgen muß er die Wirtschaftsteile der Tageszeitungen und die aktuellen Börseninformationsdienste lesen. Mit der Vorbörse befaßt er sich am späten Vormittag. Vielleicht trifft er dann einige Dispositionen. Nach zwölf Uhr werden die Anfangskurse interessant, denen die Schlußkurse eine Stunde später folgen. Dann tritt eine gewisse Pause ein, denn über die Nachbörse läßt sich erst am späten Nachmittag etwas sagen. Noch mehr in Spannung gehalten wird unser Spekulant, wenn er via Datensichtgerät an einen internationalen Börsennachrichtendienst angeschlossen ist, denn dann kann er Kursentwicklungen auch noch von Minute zu Minute beobachten.

Solange die Kurse steigen, macht das Spaß. Aber ein Phänomen aus den USA gibt vielleicht zu denken: Dort sind gerade die Praxen von Psychotherapeuten mit Spekulanten übervölkert, denn die Börse ist der teuerste und schmerzhafteste Platz, um die eigene Persönlichkeit kennenzulernen.

Verwaltungskultur

Vor dem Hintergrund niedriger Risiken und eines langsamen Feedbacks finden sich Verwaltungskulturen im öffentlichen Dienst, bei Versorgungsunternehmen, bei Betrieben in stark regulierten und beschützten Branchen, bei Großfirmen der Verwaltung wie zum Teil in Banken und Versicherungen.

Von der Strategie her sind diese Organisationen eigentlich auf Service ausgerichtet, was häufig von einer starken Eigendynamik und übermächtigen Selbsterhaltungstendenzen verdrängt wird.

Die Mitarbeiter lassen sich im Schnitt als gründlich und ordentlich, aber auch als vorsichtig, kleinlich, perfektionistisch, detailversessen, fügsam und angepaßt charakterisieren.

Entscheidungen werden exakt vorbereitet, sie dauern entsprechend lange, und man sichert sich nach allen Seiten ab.

Die Kommunikation in Verwaltungskulturen ist umständlich und hierarchiebetont. Eine Kooperation findet nur bedingt statt.

Während der Arbeit kommt nicht viel Freude auf, denn die Mitarbeiter erhalten praktisch kein Feedback oder nur dann, wenn etwas nicht klappt.

Ein Hauptaugenmerk wird darauf gerichtet, wie etwas getan wird, und weniger darauf, was getan wird. Die Form steht also im Vordergrund, das Ergebnis eher im Hintergrund. Zwischen Leistung und Belohnung besteht kaum eine Beziehung. Ab einem gewissen Alter ist es praktisch unmöglich, nicht befördert zu werden, auch wenn es bei unserem öffentlichen Dienst keine Regelbeförderungen mehr gibt.

Diese starke Binnenorientierung drückt sich in einer Reihe von Ritualen aus:

- Über alle Vorgänge werden Aktennotizen verfaßt.
- Es existieren hervorragende Ablagesysteme, um im Ernstfall beweisen zu können, daß man nicht schuld ist.
- Prozeduren sind wichtiger als Ergebnisse.
- Anordnungen werden ausgeführt, ob sie sinnvoll sind oder nicht.
- Man lebt tendenziell in einer künstlich abgeschotteten Welt, in der kleinste interne Ereignisse völlig überbewertet werden. Der Bezug zur externen Realität geht verloren; in der Folge kommt es zu Spannungen und Zusammenstößen mit der Umwelt, die mit Entscheidungen konfrontiert wird, die Externen nicht mehr plausibel gemacht werden können.
- Titel spielen für die Selbsteinschätzung eine große Rolle; sie sind wichtiger als Geld.

Obwohl jedermann weiß, daß Verwaltungen sein müssen, lösen Verwaltungskulturen allgemein Unbehagen aus. Sie stehen für Bürokratismus, Umständlichkeit, Absurdität, Ineffizienz und die Unfähigkeit, das Nächstliegende zu tun. Politiker können sich allgemeiner Zustimmung sicher sein, wenn sie Auswüchse des »Amtsschimmels« anprangern und geloben, sich für Verwaltungsvereinfachungen einzusetzen. In aller Regel sind sie aber schlau genug, damit Mitglieder des Systems zu beauftragen, das verändert werden soll, so daß doch alles beim alten bleibt.

Der Problematik von Verwaltungskulturen, die sich über die öffentliche Verwaltung hinaus in vielen Großunternehmen ausgebreitet haben, wird nur gerecht, wer sich einige Einflußfaktoren bei der Entstehung dieser Kulturen vor Augen hält.

Verwaltungen sind darauf ausgerichtet, in millionenfach auftretende administrative Abläufe Ordnung zu bringen und sie so rationell wie möglich zu erledigen. Verwaltungen erobern keine Märkte, erwirtschaften – oberflächlich betrachtet – keine Renditen, tragen wenig bis nichts zum Ruf eines Unternehmens in der Öffentlichkeit bei. Relativ zu anderen Branchenkulturen mangelt es an »öffentlichen« Erfolgserlebnissen, die sich in Dividenden und Marktanteilen niederschlagen. Genaugenommen gibt es daher in Verwaltungskulturen nichts zu feiern. In Wirklichkeit ist natürlich das Gegenteil der Fall: Anlaß für freudige Zusammenkünfte sind nicht äußere Erfolge der Organisation, sondern wichtige Stationen in der Laufbahn ihrer Mitglieder. Jubiläen, Beförderungen, Geburtstage und Verabschiedungen bilden eine nicht abreißende Kette von Gelegenheiten zu feiern. Man feiert nicht erreichte Ziele, sondern vor allem sich selbst.

Maßnahmen der Verwaltung zählen im Herzbergschen Sinne zu den Hygiene-Faktoren. Solange eine Verwaltung reibungslos funktioniert, sind alle zufrieden. Daß einem Mitarbeiter pünktlich, auf den Tag genau, jeden Monat sein Gehalt oder das, was davon bleibt, auf sein Konto überwiesen wird, kann niemanden dazu animieren, enthusiastische Loblieder auf die Abteilung Lohn- und Gehaltsabrechnung anzustimmen. Klappt aber wider Erwarten etwas nicht, ist man sehr schnell dabei, von Chaos, Schlamperei und Willkür zu sprechen. Und diese Fälle werden dann auch öffentlich angeprangert und genüßlich verallgemeinert. Die Verwaltung selbst, aber auch ihre »Kunden«, werden weiterhin mit dem Phänomen zu leben haben, daß es im System von Administrationen und nicht unbedingt in den dort arbeitenden Menschen begründet liegt, eine schlechte Presse zu haben.

Investitionskultur

Investitionskulturen finden sich bei Ölgesellschaften, Investment-Banken, Bauunternehmen, zum Teil beim Militär und in der Investitionsgüterindustrie.

Ihre Hauptcharakteristika sind, daß sie meist stark zukunftsorientiert sind und bei hohem Risiko große Investitionen tätigen, ohne daß man über lange Zeit hinweg weiß, ob sie sich rechnen.

Gründlich, bedächtig und besonnen arbeiten die Mitarbeiter ausdauernd und hart, um langandauernde Unsicherheiten mit wenig oder keinem Feedback ertragen zu können. In Spitzenpositionen riskiert man eventuell nicht nur die eigene Karriere, sondern auch die Zukunft des eigenen Unternehmens.

Entscheidungen, die häufig ganz oben gefällt werden, unterliegen einem hohen Qualitätsdruck. Man darf sich keine Fehler leisten. Erfahrung spielt eine große Rolle, was nicht ausschließt, daß neue Ideen eine faire Chance erhalten. In den Entscheidungsgremien herrscht Respekt vor Autorität und Fachwissen. Man hält sich an einmal getroffene Vereinbarungen und Entschlüsse.

Die Kommunikation ist ausführlich und gründlich. In gemeinsamen Besprechungen geht man höflich und pfleglich miteinander um, man weiß um die gegenseitige Abhängigkeit, die unter Unsicherheit getroffenen Entscheidungen schweißen zusammen.

Ähnlich langfristig, wie an Investitionen herangegangen wird, ist auch der Aspekt, unter dem die Entwicklung der Mitarbeiter gesehen wird: »Er ist erst seit fünf Jahren bei uns; es ist noch zu früh, etwas über ihn zu sagen.« In Investitionskulturen hat man und braucht man Geduld. Schnelle Karrieren finden hier nicht statt.

Diese Kulturen fördern wesentliche Erfindungen und wissenschaftliche Durchbrüche. Aber sie bewegen sich auch mit quälender Langsamkeit. Aufgrund ihrer langfristigen Ausrichtung sind sie verletzbar durch kurzfristige konjunkturelle Schwankungen und den daraus resultierenden Liquiditätsproblemen.

Karrieren, Produkte und Profite entwickeln sich nicht schnell. Aber was dann geschaffen wird, hat Hand und Fuß.

Das beschriebene Modell der Branchenkulturen löst erfahrungsgemäß erhebliche Diskussionen darüber aus, in welcher Kultur bzw. in welchen Kulturen man sich wiedererkannt hat. Im einzelnen können dabei folgende Fragestellungen von Interesse sein:

– Entsprechen Unternehmensstrategie und Kultur dem, was in der Branche üblich ist, bzw. dem, was von Branchenführern bekannt ist?
– Wo liegen, vor dem Hintergrund einer intendierten Strategie, die Vor- und Nachteile der bestehenden Kultur?
– Welche Charakteristika der Kultur unterstützen die Strategie, welche nicht?

● Wo gibt es Auswüchse?
● Wo bestehen Widersprüche?
● Wann steht die gelebte Kultur der Realisierung der Strategie im Wege?
● Hat das Unternehmen die richtigen Mitarbeiter und Führungskräfte?
● Was wird für diese Gruppen getan?
● Wo gibt es Schwachstellen und Ungereimtheiten im Hinblick auf die Komplexe Entscheidungsfindung, Kommunikation, Kooperation, Konsequenzenlage, d. h., was wird belohnt, was wird bestraft?
● Welche Rituale werden gepflegt? Was soll damit signalisiert werden? Was steckt an Wertvorstellungen, Normen, Phantasien und Annahmen dahinter?

Unternehmenskulturen und Mitarbeiterbedürfnisse

Endziel eines aufgeklärten Managements, ob ausdrücklich erklärt oder nicht, war es immer schon, Unternehmensziele und Mitarbeiterbedürfnisse in Einklang zu bringen. Diese Grundidee durchzieht praktisch alle Ansätze einer modernen Führung.

Unter dem Aspekt der Unternehmenskultur ergeben sich in diesem Zusammenhang einige Fragen:

- Wie beeinflussen unterschiedliche berufliche Selbstkonzepte von Führungskräften und Mitarbeitern die Kultur?
- Welche Konfliktkonstellationen ergeben sich aus diesen unterschiedlichen Berufsauffassungen?
- Wie bewußt werden diese Einflüsse wahrgenommen und zum Erfolg des Unternehmens in Beziehung gesetzt?
- Und umgekehrt: Was tragen unterschiedlich ausgerichtete Kulturen dazu bei, Mitarbeiterbedürfnisse zu befriedigen? In welcher Art von Kultur können sich Mitarbeiter sicher fühlen, sehen sie Möglichkeiten zum Engagement, ergeben sich Möglichkeiten zu persönlichem Wachstum und Fortschritt?
- Inwieweit gibt es zwischen Organisation und Mitarbeitern Synergieeffekte?

Auch hier steht im Hintergrund das Problem, wie ein Auseinanderdriften von Mitarbeiter- und Unternehmenskultur verhindert, wie eine Symbiose erreicht werden kann.

Berufliche Rollen

Der amerikanische Psychoanalytiker Michael Maccoby entwickelte Mitte der 70er Jahre ein verblüffend plausibles Modell beruflicher Rollen, die es erlauben, eine Unternehmenskultur unter dem Aspekt unterschiedlicher Berufsauffassungen zu analysieren.

Basis dieses Modells sind ausführliche Interviews mit 250 Führungskräften, wobei die Interviewergebnisse durch die Resultate des Rorschach-Tests, eines berühmt-berüchtigten Tintenklecks-Tests, abgesichert wurden.

Um diesen Ansatz verständlicher zu machen, müssen wir etwas weiter ausholen: Jeder von uns hat eine bestimmte Theorie von der Wirklichkeit entwickelt, ohne die er nicht in der Lage wäre, an sich chaotische Erfahrungen einzuordnen und zu verarbeiten. Diese weitgehend nicht bewußt wahrgenommene Theorie zerfällt in drei Subtheorien:

1. Selbstkonzept

Hier handelt es sich um das Bild, das jemand von sich selbst hat. Dieses Bild wiederum ist abhängig davon, welche Einstellung jemand zu sich selbst entwickelt, wie er sich selbst wahrnimmt. So gibt es Menschen, die ständig aus einer Haltung vermeintlicher Überlegenheit heraus agieren, die sie andere, wenn auch vielleicht sehr subtil, permanent spüren lassen. Natürlich kann auch das Gegenteil der Fall sein: Jemand fühlt sich anderen in seiner Vorstellung häufig unterlegen. Er tut sich leid und stellt unbewußt immer wieder Situationen her, die seine Hypothese über sich selbst bestätigen.

2. Umweltkonzept

Über die Selbstkonzepte hinaus entwickeln wir Annahmen über die uns umgebende Außenwelt. Damit haben wir praktisch unser höchstpersönliches Modell der Welt geschaffen, das vorerst nur in unserem Kopf existiert und vor allem Aufzeichnungen darüber enthält, wie andere Menschen sind. So kann beispielsweise jemand davon ausgehen, daß alle Menschen im Grunde gut, edelmütig und moralisch einwandfrei sind. Es ist aber auch vorstellbar, daß jemand zum gegenteiligen Ergebnis kommt: In dieser

Welt da draußen, die mehr einem Dschungel gleicht, regieren Haß, Neid, Niedertracht und Verrat.

3. Berufliche Rolle

Berufsauffassungen basieren einmal darauf, welche Ziele jemand mit seiner Arbeit realisieren, welche Bedürfnisse und Motive er damit befriedigen will. Diese erfüllten Bedürfnisse bilden wiederum die Grundlagen seines berufsbezogenen Selbstwertgefühls, seiner beruflichen Identität. Oder einfacher ausgedrückt: Was ist für jemanden beruflich wichtig, worauf legt er Wert, welche Voraussetzungen müssen erfüllt sein, damit er sich wohl fühlt? Was definiert er als beruflichen Erfolg, worauf kommt es ihm bei Mitarbeitern an?

Diese persönliche Theorie von der Wirklichkeit mit all ihren Verästelungen unterliegt einer deutlichen Tendenz zu hochgradiger Konsistenz. Sie stellt praktisch ein fast wasserdichtes, in sich geschlossenes System dar. Selbstkonzept, Umweltkonzept und berufliche Rolle müssen ausbalanciert sein und in sich übereinstimmen.

Mit steigender Konsistenz wächst die Gefahr, daß der Kontakt zur »wirklichen« Wirklichkeit verlorengeht, jemand nimmt nicht mehr wahr, was »draußen« vor sich geht, und es ist ihm auch gleichgültig. Im Normalfall kommt es aber zu einem kompromißreichen Rollenspiel zwischen der Realität und der Idee von der Realität. Die Grenzen des Systems sind durchlässig, und die Fähigkeit, sich zu ändern, Neues aufzunehmen und auszuprobieren, bleibt erhalten.

Maccobys Verdienst ist es, einige berufliche Rollen auf empirischer Grundlage identifiziert zu haben (vgl. Abb. 4).

Der Fachmann

Fachleute fühlen sich vor allem durch die Arbeit selbst, durch den Arbeitsinhalt und nicht so sehr durch Geld und

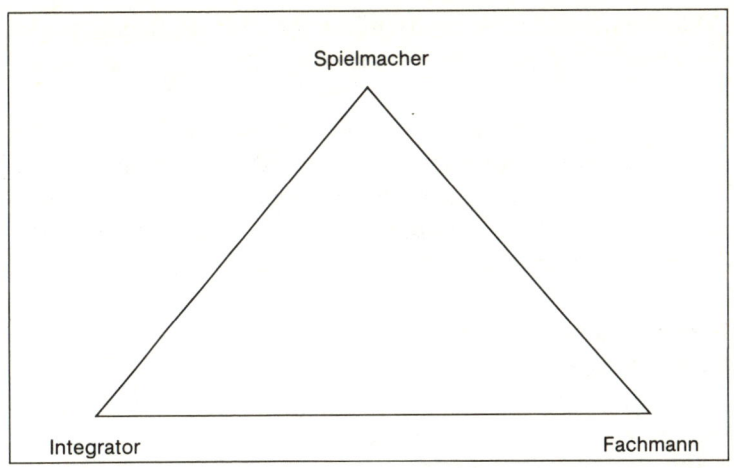

Spielmacher

Integrator   Fachmann

Abb. 4: Führungskräfte-Rollen

Ruhm herausgefordert. Sie wollen etwas schaffen, etwas aufbauen, sie wollen dabeisein, wenn etwas entsteht. Qualität,
Perfektion und Sparsamkeit werden als absolute Werte erlebt.

Betrieblich gesehen, leben die Fachleute gern in einer
überschaubaren Ordnung, die es ihnen ermöglicht, sich voll
auf ihre Aufgabe zu konzentrieren. Deutliche Erfolgserleb-
nisse stellen sich dann ein, wenn es gelingt, ein Problem besser als bisher – nicht unbedingt besser als andere – zu lösen.

Wissen, fachliches Know-how, Geschicklichkeit, Fleiß,
Einfallsreichtum, Disziplin und Achtung vor anderen und ihrer Leistung sind Grundlagen ihrer Identität.

Auf Wettbewerb mit anderen legt man keinen gesteigerten
Wert. Fachleute aus Betrieben, die miteinander im Wettbewerb stehen, sehen sich häufig weniger als Konkurrenten,
sondern mehr als Kollegen, die sich frei austauschen, was
Marketing-Leute, auf die Wahrung von Wettbewerbsvortei-
len bedacht, gelegentlich zur Weißglut treibt.

Fachleute kämpfen mehr mit Aufgaben, Problemen und vor allem mit den eigenen Qualitätsmaßstäben als mit anderen.

Zu den Risiken, denen Fachleute unterliegen, zählt der Perfektionismus. In diesem Stadium haben sie dann ständig Angst, daß etwas schiefgeht, etwas nicht klappt. Geplagt von mehr oder minder schlimmen Katastrophenphantasien, entwickeln sie deutliche Rückversicherungszwänge, sie passen ständig auf, daß nichts »passiert«. Mit entsprechenden Nachfaß- und Erinnerungsfragen nerven und verunsichern sie ihre Umgebung.

Tritt tatsächlich ein Fehler auf, wird etwas übersehen, kommt es gegenüber anderen zu einer völlig überzogenen Kritik. Machen die Fachleute selbst einen Fehler, werden sie auch sich selbst gegenüber aggressiv: Begonnene Arbeiten werden immer wieder verworfen, sie fangen immer wieder von vorn an, selbst in einem handschriftlich aufgesetzten Text sind ihnen beispielsweise Streichungen, Ergänzungen und Korrekturen zuwider.

Für Fachleute spielen dann auch Zeitaufwand und Kosten kaum mehr eine Rolle. Braucht man von ihnen schnell ein paar Zahlen, bekommt man nach einigen Tagen eine zehnseitige Ausarbeitung mit siebenfarbigen Tabellen. Bei anstehenden Beförderungen werden sie zum Problemfall: Wird ihnen Führungsverantwortung übertragen, verliert man in der Regel einen guten Fachmann und bekommt dafür eine schlechte Führungskraft. Denn so gut, so genau, so präzise arbeitet kein Mitarbeiter. Am liebsten würden sie alles selbst machen.

In ihrer Phantasie sind Fehler das Schlimmste, was passieren kann. Versagen führt zu sofortiger Entlassung, ewiger Schande, oder es wird einem zumindest »der Kopf abgerissen«.

Da Fachleute auch die Tendenz haben können, sich unterzuordnen und anzupassen, laufen sie Gefahr, sich auf zwar fachlich hochinteressante Projekte einzulassen, aber ohne sich um deren moralisch-ethische Tragweite zu kümmern.

Fortgerissen von der Herausforderung durch die Aufgabe, werden sie dann leicht mißbraucht.

Aber dennoch ist der Fachmann der Vertreter der Leistungsethik im Unternehmen. Er sorgt dafür, daß Qualitätsstandards eingehalten werden und der Betrieb auf dem Markt mit einem Angebot antritt, das fachlich in Ordnung ist.

Der Integrator

Integratoren legen Wert auf ein gutes Klima. Sicherheit geht ihnen vor Erfolg. Sie bemühen sich um den Ausgleich von Gegensätzen. Gegenüber anderen empfinden sie Achtung und Wertschätzung.

Deutlich ist bei ihnen die Tendenz ausgeprägt, in einem Unternehmen aufzugehen; sie verstehen sich gerne als Teil einer mächtigen und schützenden Organisation. Von daher kann man die Integratoren auch als ›company men‹ bezeichnen, die ständig bestrebt sind, den Betrieb in Gang zu halten. Dabei sorgen sie dafür, daß alles seine Ordnung hat, Anzeichen von Durcheinander und Chaos wirken auf sie eher angsteinflößend. Bei ihrer vermittelnden und ausgleichenden Funktion kommt ihnen zugute, daß sie eine besondere Antenne für die Gefühle und Stimmungen anderer entwickelt haben.

Vor diesem Hintergrund ist es nur zu verständlich, daß die Integratoren an einem internen Wettbewerb nicht interessiert sind. Der daraus resultierende Konkurrenzdruck könnte ihr Harmoniebedürfnis stören. Ein sportlich-fairer Wettbewerb existiert in ihrer Vorstellung nicht; Integratoren denken dann sofort an einen »Kampf jeder gegen jeden«.

Wird die Rolle des Integrators überzogen, besteht die Gefahr der Überanpassung. Im Hintergrund hat der Integrator ständig Angst davor, es anderen nicht recht zu machen. Es zählt nur noch das, was andere von ihm erwarten. Eigene Bedürfnisse und Wünsche spielen keine Rolle mehr, er gibt sich selbst auf.

Im Extremfall fühlen sich Integratoren verantwortlich dafür, wie andere sich fühlen. Sie versuchen, anderen jeden Wunsch von der Stirn abzulesen, und sie entwickeln Schuldgefühle, wenn es den anderen nicht gutgeht.

Während ein Fachmann einem neuen Mitarbeiter die Frage stellen würde: »Was haben Sie fachlich drauf, sind Sie zuverlässig?«, könnte die typische Integratorfrage lauten: »Haben Sie Verständnis für andere, können Sie zuhören und auf andere eingehen?«

Fazit: Ohne Integratoren geht es nicht. Sie vertreten in einem Unternehmen die Gemeinschaftsethik, sie sorgen dafür, daß ein Betrieb nicht auseinanderfällt.

Der Spielmacher

Für Maccoby verkörpert der Spielmacher den neuen Manager-Typus. Wahrscheinlich hat es diesen Spielmacher immer schon gegeben, obwohl er im Gegensatz zum Integrator und Fachmann schwieriger zu fassen ist und als leicht schillernde Figur mißverstanden werden könnte. Maccobys Verdienst ist es, ihn erstmals präzise beschrieben zu haben.

Spielmacher haben keine Angst vor der Konkurrenz. Ganz im Gegenteil, durch Wettbewerb und ständiges Sichmessen an anderen fühlen sie sich herausgefordert, beflügelt und aufgeputscht.

Statt alles auf eine Karte zu setzen, lieben sie es, mehrere »Spiele« gleichzeitig laufen zu haben – ähnlich einem Roulettespieler, der an mehreren Tischen gleichzeitig spielt. Die Realität wird dabei als eine Summe von Chancen erlebt. Je mehr Möglichkeiten und Optionen genutzt werden, um so höher ist schon die rechnerische Wahrscheinlichkeit, zu den Siegern zu zählen. Von daher werden auch Niederlagen nicht besonders tragisch genommen, denn als Spielmacher hat man immer mehrere Pferde im Rennen.

Ausgestattet mit einer erheblichen Portion Sensibilität, Intuition und vielleicht auch positiver Schlitzohrigkeit, sorgen

Spielmacher dafür, daß die richtigen Leute zusammenkommen, daß andere ins Spiel gebracht werden – und zwar nicht mit dem Vorschlaghammer, sondern eher beiläufig und elegant. Als im Hintergrund agierende Regisseure sind sie auf konstruktive Spiele spezialisiert; destruktiven bzw. Verlierer-Spielen gehen sie instinktiv aus dem Weg.

Über Innovationen versuchen die Spielmacher, der Konkurrenz immer eine Nasenlänge voraus zu sein.

Die Arbeit muß Spaß machen, und Spielmacher neigen dazu, zwischen der eigenen Karriere und dem Erfolg des Unternehmens nicht zu trennen. Privatleben und Geschäft fallen zusammen, mit der Parole »Dienst ist Dienst, und Schnaps ist Schnaps« können sie wenig anfangen.

Bei der Führung von Mitarbeitern setzen sie mehr auf Zug als auf Druck. Es macht ihnen Spaß, andere mitzureißen und dadurch zu motivieren. Dabei sehen sie sich gern als Mitglied eines Teams, wobei aber den Mitspielern klar sein sollte, daß Spielmacher immer die Ersten unter Gleichen sein wollen.

Zu den Schattenseiten des Spielmachers zählt, daß er zwar konstruktiv und fair ist, aber wenig Verständnis für Leute entwickelt, die nicht so smart, so schnell und risikofreudig wie er selbst sind. Spielmacher haben da wenig Mitleid und brauchen auch nicht lange, für sich die Welt in Sieger und Verlierer zu teilen.

Gleitet die Rolle des Spielmachers zu sehr ins Neurotische ab, wird der Drang, ständig besser als andere sein zu müssen, zum unentrinnbaren Zwang, entwickelt sich eine stark ausgeprägte Witterung für vermeintliche Wettbewerber, Konkurrenten und Rivalen, die um jeden Preis besiegt werden müssen. Die benutzten Denkkategorien schränken sich ein auf »erfolgreich/erfolglos« und »überlegen/unterlegen«. Spielmacher fangen dann an, sich selbst zu zerstören und sich ihrer spielerischen Qualitäten zu berauben: Sie strengen sich an, und anstatt locker zu improvisieren, versuchen sie es mit Gewalt.

Bei der Erledigung von Aufgaben wird dann mit traumwandlerischer Sicherheit der langwierigste, umständlichste und damit anstrengendste Lösungsweg gefunden, was dann die Spielmacher auch noch gern als Gipfel des Raffinements ausgeben, obwohl es für Außenstehende schon nicht mehr ganz klar ist, wo die Grenzen zwischen Cleverness und Dämlichkeit gesteckt sind, zwei Eigenschaften, die in Grenzsituationen bekanntlich eng beieinanderliegen.

Im Idealfall ist der Spielmacher derjenige im Unternehmen, der für ein Gleichgewicht der Kräfte, auch im Hinblick auf Fachleute und Integratoren, der für Beweglichkeit und Konkurrenzfähigkeit sorgt.

Maccoby beschreibt noch eine vierte Rolle, die aber so negativ ausfällt, daß sie hier nur am Rande erwähnt sei, die des Dschungelkämpfers. Bedingt durch einen leicht paranoiden Einschlag, arbeiten Dschungelkämpfer mit einem negativen Umweltkonzept, welches sie vor allem dadurch ausleben, daß sie ausschließlich für sich selbst erfolgreich sein wollen. Ihre Welt zerfällt dabei in Komplizen und Feinde.

Es soll Dschungelkämpfer geben wie Löwen, die sich ohne Rücksicht auf andere skrupellos ein Imperium aufbauen, Konkurrenten vernichten und aufgrund ihrer Monopolstellung die Abhängigkeit von Kunden und Lieferanten hemmungslos ausnutzen. Ihr Reich verteidigen sie mit Zähnen und Klauen, und ein Angreifer muß nicht nur damit rechnen abgewehrt, sondern zerstört zu werden.

Dschungelkämpfer treten aber auch noch in einer anderen Spielart auf, nämlich als Füchse, die sich in einer Organisation einnisten, dort ihren eigenen Bau errichten, um von da aus, gut gedeckt und abgeschirmt, ihre egoistischen Intrigen anzuzetteln.

Die Existenz von Dschungelkämpfern läßt sich sicherlich nicht leugnen. Wenn es hart auf hart geht, steckt vielleicht in jedem ein Stück Dschungelkämpfer.

Wer genauer hinsieht, wird in vielen Unternehmen unschwer erkennen, wie die beschriebenen Rollen verteilt sind. Ebenso drängen sich Zusammenhänge mit bestimmten branchenspezifischen Kulturen auf: In Investitionskulturen, steht zu vermuten, wird man vor allem den Fachmann finden, in Verkaufskulturen den Spielmacher.

Über diese sehr oberflächlichen Zuordnungen hinaus, die in jedem Fall überprüft werden müßten, stellt sich die wesentlich interessantere Frage, wie die einzelnen Vertreter unterschiedlicher Rollen miteinander umgehen, inwieweit sie sich durch ihre differierenden Rollenauffassungen in ihren jeweiligen Selbstkonzepten bedroht fühlen. Denn es ergeben sich hier eine Reihe zwangsläufig programmierter Konfliktkonstellationen, die von den Betroffenen allerdings nicht bewußt als solche erlebt werden, da eine starke Tendenz besteht, Ursachen für Konflikte vor allem im Charakter und nicht in der anderen Berufsauffassung des Konfliktpartners zu suchen:

– Spielmacher : Fachmann
Die Beziehung Spielmacher : Fachmann bietet ein weites Feld für gegenseitige Spannungen. So nutzen eifrige Spielmacher den Stolz des Fachmanns und seine Angst vor dem Versagen aus; sie bringen Fachleute dazu, ihre Kenntnisse mit anderen zu teilen.

Bedroht fühlen sich Fachleute durch die Dynamik, das Tempo und die schnelle Anpassungsfähigkeit der Spielmacher, die als Konzeptionslosigkeit erlebt wird. Subjektiv gesehen lassen Spielmacher den Fachleuten nicht genügend Zeit, ihren Drang nach Perfektion auszuleben.

Fachleute verzweifeln aber auch dann, wenn sie sich mit fachlich korrekten Vorschlägen gegenüber Spielmachern nicht durchsetzen können, weil sie dabei politische bzw. Machtaspekte unberücksichtigt lassen, die ein Spielmacher immer im Auge hat. Für einen reinen Fachmann ist es schwer zu verstehen und zu durchschauen, warum ein

Spielmacher an sich richtige Ideen blockiert, die aber gleichzeitig feingesponnene und verdeckte Einfluß- und Machtstrukturen verändern und zerschlagen können.

Andererseits erlebt ein Spielmacher den Fachmann als Bedrohung, wenn der Fachmann versucht, den Spielmacher durch – aus seiner Sicht – kleinliche und auf Perfektionismus abzielende Einwände zu bremsen und zu verunsichern. Während ein Spielmacher vielleicht nichts dabei findet, mit einem noch nicht ausgereiften Produkt auf den Markt zu gehen, um damit die Konkurrenz zu schlagen, empfindet dies ein Fachmann als ausgesprochenen Frevel, denn damit wird praktisch von ihm verlangt, über den eigenen Schatten zu springen – und dagegen wehrt er sich.

– Spielmacher : Integrator
Auch die Zusammenarbeit zwischen diesen beiden Rollen kann durch erhebliches Mißtrauen geprägt sein, denn Integratoren scheuen die Zusammenarbeit mit Leuten, die sich ihrer Meinung nach nicht um andere kümmern, sondern »nur« Erfolg und ihren Spaß haben wollen.

Dem für übereifrig und durchtrieben gehaltenen Spielmacher mißtraut der Integrator auch deswegen, weil er die Mitarbeiter verschleißt und weil er stets siegen muß. Durch schnelle Positionswechsel gefährdet der Spielmacher – nach Ansicht des Integrators – die Integrität und den guten Namen der Organisation, er setzt sie »aufs Spiel«. Da Integratoren im Extremfall eine ordentliche Passivität einem kreativen Chaos vorziehen, versuchen sie, den Betrieb vor den aus ihrer Sicht zu riskanten Manövern der Spielmacher zu schützen. Auch zweifeln die Integratoren daran, ob den selbstsicheren, zukunfts- und hoffnungsfrohen Visionen und Plänen der Spielmacher zu trauen ist: Vielleicht sind Spielmacher doch nur raffinierte, vollmundig und eloquent formulierende »Rattenfänger«.

Andererseits können aber auch Integratoren den Spielmachern ganz gewaltig auf die Nerven gehen. Vergleichbar einer Ehe, in der ein Partner auf ständige Beziehungsklärungen drängt, ohne die Beziehung richtig zu akzeptieren, so beklagen sich Spielmacher darüber, daß alles bessergehen könnte, wenn die Integratoren für die Realisierung von Projekten ebensoviel Mühe aufwendeten wie für das Einfädeln ihrer internen Intrigen. Bedingt durch das von den Spielmachern für übertrieben gehaltene Harmoniebedürfnis der Integratoren, verrutscht deren Bild dann immer mehr in Richtung »Betriebspfarrer«, der für alles Verständnis hat. Integratoren sind eben stärker prozeßorientiert, während Spielmacher mehr an Ergebnissen und Erfolgen interessiert sind.

– Fachmann : Integrator
Für Integratoren sind Fachleute häufig perfektionistische Technokraten, denen, befangen in mechanischem Denken, der humanpsychologische und moralische Durchblick fehlt. Von daher gesehen, tun die Fachleute den Integratoren eher leid. Andererseits sehen die Fachleute in den Integratoren gern die »technisch Unfähigen«, die politisch ehrgeizig sind, aber faktisch nichts bewegen.

Damit keine Zweifel aufkommen: Alle drei Rollen sind aufeinander angewiesen. Gerade im Silicon Valley mehren sich heute die Beispiele dafür, wie Leute verabschiedet werden, die sich zu sehr auf ihre Spielmacher-Qualitäten verlassen haben. In Zeiten schrumpfender Umsätze halten dort zunehmend Fachleute Einzug.

Das Maccoby-Modell kann einen wichtigen Beitrag leisten zu mehr gegenseitigem Verständnis, zu einem verstärkten Eingehen auf die Absichten und Ängste der anderen Seite, zu einem deutlicheren Sich-aufeinander-Zubewegen.

Spannungsfeld Unternehmenskultur/Mitarbeiterkultur

Neuerdings wird immer wieder die Notwendigkeit betont, Unternehmens- und Mitarbeiterkultur zu integrieren. Oder weniger modern ausgedrückt: Wie lassen sich die Ziele des Unternehmens mit den Bedürfnissen der Mitarbeiter in Einklang bringen?

Schon 1972 veröffentlichte der amerikanische Sozialpsychologe Roger Harrison ein Modell, das der Realität deswegen sehr nahe kommt, weil es das Dilemma deutlich aufzeigt, das zwischen Überlebensinteressen der Organisation und den Wünschen der Mitarbeiter nach Sicherheit und Selbstverwirklichung besteht.

Harrison ging von folgenden »Organisations-Ideologien« aus; den Begriff »Unternehmenskultur« gab es damals noch nicht:

Machtorientierung

Machtorientierte Organisationen versuchen, ihre Umwelt zu dominieren. Sie sind nicht bereit, sich äußeren Machteinflüssen und Gesetzen ohne Widerstand zu beugen. Intern streben diejenigen, die am Ruder sind, danach, über Untergebene die absolute Kontrolle auszuüben.

Über Märkte, Produktlinien, Ressourcen, d. h. über die eigenen Interessen- und Einflußsphären, wird eifersüchtig gewacht, und man ist ständig bestrebt, den eigenen Anspruch auf Kosten anderer und schwächerer Organisationen auszubauen.

Gut zu beobachten war diese Machtorientierung bei einer Reihe von international operierenden Konglomeraten bzw. Mischkonzernen, die vor allem in den 70er Jahren Firmen wie andere Geschäftsleute Schweinebäuche und Sojabohnen kauften und verkauften, und zwar ohne Rücksicht auf die betroffenen Menschen und das Gemeinwohl. Der Wachstumsgedanke verkam zum Selbstzweck. Extern bewegten sie sich dabei häufig am Rande der Legalität, intern regierte analog dazu das Gesetz des Dschungels.

Da ursprünglich klassische Mischkonzerne heute längst dabei sind, ihr Firmenportfolio zu bereinigen und ihre Aktivitäten auf bestimmte Branchen zu konzentrieren, könnte die irrige Meinung aufkommen, daß diese Art von Organisationen ein Phänomen der Vergangenheit ist. Das Gegenteil, zumindest in den USA, ist der Fall. Die amerikanische Szene ist seit Jahren gekennzeichnet durch eine Reihe von dramatischen Übernahmeschlachten, wobei es heute nicht mehr Firmen, sondern vor allem Einzelpersonen sind, die sich auf diesem Feld bewegen. Aber auch Europa bleibt davon nicht unberührt. In England waren z. B. in letzter Zeit dramatische Entwicklungen zu beobachten.

Eine sanftere Form der Machtorientierung findet sich heute noch gelegentlich in patriarchalisch geführten Unternehmen. Die Fürsorgepflicht gegenüber Mitarbeitern wird ernst genommen, sie werden anscheinend mit Samthandschuhen behandelt, doch wehe, es regt sich Widerstand: Dann zeigt sich sehr schnell die Eisenfaust, die sich unter den Samthandschuhen verbirgt.

Rollenorientierung

Im Gegensatz zu der in machtorientierten Organisationen vorherrschenden gewollten und ungezügelten Autokratie verhalten sich rollenorientierte Organisationen so rational und geordnet wie möglich. Konkurrenz und Konflikt werden geregelt und ersetzt durch Abmachungen, Vereinbarungen, Regeln und Prozeduren. Pflichten, Rechte und Privilegien werden sorgfältig definiert und beachtet. Der Nachdruck, der auf Hierarchie und Status gelegt wird, wird ausgeglichen durch eine starke Betonung von rechtmäßigem Handeln und das Einhalten von selbst- und fremdgesetzten Beschränkungen und Gesetzen. Überspitzt ausgedrückt, ist der Unterschied zwischen macht- und rollenorientierten Organisationen vergleichbar mit dem Unterschied zwischen einer Diktatur und einer konstitutionellen Monarchie.

Vorhersehbarkeit und Berechenbarkeit des Verhaltens, Zuverlässigkeit, Stabilität und Respekt nehmen einen ähnlich hohen Stellenwert ein wie Können und fachliche Fähigkeiten. Korrektes Verhalten ist tendenziell wichtiger als effizientes Handeln. Aufgrund der Schwerfälligkeit der Abläufe läßt sich das System nur langsam ändern.

Kommerziell arbeitende Organisationen können sich eine Rollenorientierung in diesem Sinne kaum leisten. Märkte, die in Bewegung sind, lassen das nicht zu. Aber in Unternehmen mit monopolähnlichen Marktpositionen, auf stark regulierten Märkten, ist immer wieder der Hang erkennbar, prozedurale Korrektheit über Effizienz im Handeln zu stellen. Bei Banken, Versicherungen, Versorgungsunternehmen und Behörden machen sich zwar dann Unpersönlichkeit, seelenlose Rationalität und Bürokratie breit, aber der »Kunde« hat kaum eine andere Möglichkeit, als sich damit abzufinden.

Aufgabenorientierung

In aufgabenorientierten Organisationen steht Leistung an oberster Stelle. Unabhängig davon, ob es darum geht, Marktanteile zu erringen, eine Verwaltung zu reformieren oder den Armen zu helfen, die Struktur der Organisation, all ihre Funktionen und Aktivitäten sind darauf ausgerichtet, diese übergeordneten Ziele zu erreichen.

Umstände und Gegebenheiten, die die Aufgabenerledigung stören oder behindern, werden verändert oder abgeschafft. Eine Unternehmensspitze, die das Erbringen von Leistung sabotiert, hat zu verschwinden. Überholte Regelungen, die den Problemlösungsprozeß stören, werden über Bord geworfen und durch neue Vereinbarungen ersetzt. Wer seine Aufgaben nicht erfüllt, wird abgelöst oder trainiert. Persönliche Bedürfnisse und soziale Rücksichten werden ignoriert, sofern sie sich mit dem Leistungsziel nicht vereinbaren lassen. Entscheidend ist, mit einer Aufgabe oder einem Problem voranzukommen.

Autorität gilt nur dann etwas, wenn sie sich durch Wissen, Leistung und Können legitimiert. Macht und Position gelten nicht als Basis für Autorität. Und man entwickelt auch keine Skrupel, Regeln und Anweisungen zu überschreiten und zu brechen, wenn sie der Lösung einer Aufgabe im Wege stehen. Überhaupt ist man in aufgabenorientierten Unternehmen nicht mit der gegebenen Organisationsstruktur verheiratet. Erweist sie sich als dysfunktional, wird sie geändert, oder man denkt über Wege nach, sie geschickt zu umgehen. Hier ist dann auch eine der Quellen des von der regulären Stab-Linien-Organisation losgelösten Projekt-Managements zu sehen, mit dem die Nachteile einer tradierten Organisation überwunden werden sollen. In macht- und rollenorientierten Organisationen sind dann folgerichtig Projekt-Teams die einzigen Einheiten, die ausschließlich aufgabenorientiert arbeiten.

Zu den klassischen Handwerkszeugen in aufgabenorientierten Unternehmen zählen Management-Techniken wie MbO (Management by Objectives), woraus sich auch umgekehrt erklären läßt, warum MbO-Ansätze in macht- und rollenorientierten Organisationen zum Scheitern verurteilt sind.

Mitarbeiterorientierung

Anders als bei den bisher beschriebenen drei Kulturen ist es das Ziel dieser Organisationen, die Bedürfnisse ihrer Mitglieder zu befriedigen. Autorität im Sinne macht- und rollenorientierter Organisationen wird abgelehnt. Wenn überhaupt, läßt man im Notfall noch fachliche Autorität gelten. Meist wird allerdings davon ausgegangen, daß sich die Mitglieder durch Hilfsbereitschaft, Kollegialität und das Übernehmen von Vorbildfunktionen gegenseitig beeinflussen und führen.

Auf die Übereinstimmung zwischen individuellen und Unternehmenszielen wird großer Wert gelegt. Rollen in der Organisation werden zugeteilt auf der Basis persönlicher Präferenzen sowie individueller Lern- und Wachstumsbedürfnisse.

Am ehesten findet sich eine derartige Ausrichtung in kleinen Gruppen von Forschern und Technikern. Aber auch einige Unternehmensberatungen arbeiten nach diesem Prinzip: Die Firma dient als Basis für die Selbstverwirklichung ihrer

Mitglieder. Wachstum, Expansion und Profitmaximierung spielen keine überragende Rolle. Man will zwar wirtschaftlich überleben, aber vor allem mit kongenialen Partnern an Projekten arbeiten, die sinnvoll sind und Spaß machen.

Es ist kaum zu übersehen, daß auch größere Organisationen einem immer stärker werdenden Druck ausgesetzt sind, sich in diese Richtung zu entwickeln. Der Ruf nach einer Arbeit, die im Einklang steht mit dem persönlichen Wertesystem, ist kaum mehr zu überhören. Und hier ist auch einer der Gründe dafür zu suchen, warum das Thema Unternehmenskultur aktuell wird: Passen die Wertvorstellungen der Organisation zu den Werthaltungen der Mitarbeiter?

Stärken und Schwächen

Die beschriebenen Ausrichtungen bzw. Formen des Selbstverständnisses erscheinen je nach beruflichem Selbstkonzept sympathisch oder unsympathisch. Sie geben Aufschlüsse darüber, wie in einer Organisation

- Entscheidungen getroffen werden,
- das menschliche Potential eingesetzt wird,
- an die Umwelt, das Umfeld herangegangen wird.

Um uns jedoch ein halbwegs objektives Bild von der Leistungsfähigkeit der vier Organisationstypen machen zu können, brauchen wir Kriterien. Die folgenden Ausführungen stellen den Versuch dar, Stärken und Schwächen anhand nachvollziehbarer Kriterien zu identifizieren.

Externe Überlebensfähigkeit

Ausgehend davon, daß Unternehmen sich bei zunehmendem Wachstum einer komplexer werdenden Umwelt gegenübersehen, gehört die machtorientierte Organisation nicht zu den

Formen, die sich den damit verbundenen Herausforderungen flexibel und effizient zu stellen vermag. Da Entscheidungen vornehmlich an der Spitze gefällt werden, kommt es zu Verzögerungen. Man arbeitet hier zwar per Anweisung, und die Kommandoketten von oben nach unten sind gut ausgebildet, aber die Kommunikation von unten nach oben, mit deren Hilfe Änderungsimpulse weitergegeben werden, stellt häufig ein Problem dar. Vorschläge und Anregungen haben auf ihrem Weg zur Spitze eine Reihe hierarchischer Hürden zu nehmen, die wie Filter funktionieren, so daß oben nur noch das ankommen kann, was politisch augenblicklich opportun erscheint.

In rollenorientierten Organisationen stehen einer schnellen Anpassung an rapide Veränderungen eine Unzahl von Prozeduren, Regeln und Reglementierungen entgegen. Aufgrund einer starken Binnenorientierung dürfte es auch sehr mächtigen Einzelpersonen kaum möglich sein, einen raschen Wandel zu bewirken, da die Informationskanäle mit Problemen verstopft sind, die nur höheren Orts gelöst werden können.

Wesentlich besser gerüstet erscheinen aufgaben- und mitarbeiterorientierte Organisationen. Die größte Stärke aufgabenorientierter Organisationen besteht darin, auf ein sich änderndes Umfeld schnell reagieren zu können. Dezentralisierte Kontrollen tragen dazu bei, Kommunikationswege abzukürzen und Verzögerungen zu vermeiden. Gleichzeitig wird damit der Gefahr von Informationsverzerrung und -ausdünnung begegnet. Der für aufgabenorientierte Organisationen typische Einsatz von ›task forces‹ bzw. Projekt-Teams trägt weiter dazu bei, anstehende Probleme zügig zu lösen.

Auch mitarbeiterorientierte Organisationen verfügen über das Potential zur schnellen Reaktion auf externe Veränderungen. Unterstützt wird dies durch fließende Organisationsformen und entsprechend kurze Informationswege.

Bei plötzlich auftretenden Krisen dagegen, bei existentiellen Bedrohungen des Unternehmens, kann eine machtorientierte Organisation dadurch von Vorteil sein, daß hier ein schneller Durchgriff nach unten gewährleistet ist. Schließlich verfährt man auch in guten Zeiten nicht sehr viel anders. Während in den machtorientierten Organisationen Initiative und Verantwortung für rettende Eingriffe von einer hart und aggressiv agierenden Spitze getragen werden, verläßt man sich in aufgabenorientierten Organisationen mehr auf Planung, Daten und die Einsicht aller Mitglieder.

Rollenorientierte Organisationen neigen in Notsituationen dazu, in einen Totstellreflex zu verfallen. Die eingefahrenen Prozeduren lassen ein schnelles Reagieren nicht zu. Und bei mitarbeiterorientierten Organisationen kann es eine Zeitlang dauern, bis alle die Gefahr erkannt und sich zu einer gemeinsamen Aktion zusammengerauft haben.

Interne Überlebensfähigkeit

Während in machtorientierten Unternehmen einige wenige durchsetzungsstarke Leute die Chance haben, sich den Weg nach oben frei zu boxen, bieten diese Unternehmen dem gewöhnlichen Mitarbeiter nur wenig Sicherheit. Machtorientierte Organisationen sind dann am stärksten, wenn die Mitarbeiter situationsbedingt schwach sind und auch ein schlechtes Angebot annehmen müssen, um nicht auf der Straße zu sitzen. Nicht ohne Grund ist dieser Typus von Organisation in Entwicklungsländern stark vertreten.

Die interne Überlebensfähigkeit von machtorientierten Organisationen wird aber auch dadurch beeinträchtigt, daß zuviel Energie aufgewendet werden muß, um die Mitarbeiter zu kontrollieren und in Schach zu halten. Man verläßt sich zu sehr auf Belohnungen und Bestrafungen, man manipuliert zuviel, um eine oberflächliche Willfährigkeit und Loyalität zu erreichen. Doch wo die Kontrolle fehlt, kommt es zu versteckter oder offener Rebellion.

Bei der Rollenorientierung mit ihrer Überreglementierung von Abläufen feiert das Prinzip der Arbeitsteilung seltene Triumphe. Einmal an diese Arbeitsformen gewohnt, sind nicht unbedingt alle Mitarbeiter dankbar, wenn man ihre Arbeitsplätze »humanisieren« will.

Sowohl bei macht- als auch bei rollenorientierten Unternehmen haben die Mitarbeiter zuwenig Möglichkeiten, sich zu engagieren, Initiative zu entwickeln und selbständige Entscheidungen zu treffen. In Gesellschaften, in denen es den Mitarbeitern genügt, wirtschaftlich zu überleben, mag das angehen.

In Überflußgesellschaften dagegen werden vermehrt Möglichkeiten gesucht, sich auch im Beruf zu verwirklichen. Die Befriedigung ausschließlich wirtschaftlicher Motive reicht dann nicht mehr aus, auch wenn es immer Menschen geben wird, die diese herkömmlichen Anreize aufgrund ihrer Unsicherheit, Abhängigkeit und Anspruchslosigkeit brauchen.

Ein Problem für aufgabenorientierte Organisationen entsteht dann, wenn das Wissen und das Können der Mitarbeiter vor dem Hintergrund neuer Entwicklungen zunehmend veraltet und obsolet wird. Unausgesprochen wird dann erwartet, daß die Betreffenden Platz machen für besser qualifizierte Leute.

Konflikt

Wie ein roter Faden durchzieht die bisherigen Darstellungen der Konflikt zwischen den Interessen der Organisation und den Interessen der Mitarbeiter.

Harrison definiert folgende Mitarbeiterinteressen:

1. Sicherheit vor wirtschaftlichen, politischen und psychologischen Nachteilen;
2. Möglichkeit, sich für Ziele zu engagieren, die dem einzelnen persönlich etwas bedeuten;
3. Verfolgen von persönlichen Wachstums- und Entwicklungszielen, auch wenn diese zu den momentanen Anforderungen der Organisation im Widerspruch stehen.

Dem stehen folgende Organisationsinteressen gegenüber:

1. Effizientes Reagieren auf bedrohliche und gefährliche Entwicklungen im Umfeld;
2. Auffangen rapider Veränderungen;
3. interne Integration und Koordination aller Anstrengungen auf das Erreichen der Organisationsziele einschließlich der Bereitschaft, individuelle Bedürfnisse den Notwendigkeiten der Organisation unterzuordnen.

Interessen der Mitarbeiter			
	Sicherheit vor wirtschaftlichen, politischen und psychologischen Nachteilen	Möglichkeiten, sich freiwillig für sinnvolle Ziele zu engagieren	Möglichkeiten, persönliche Wachstums- und Entwicklungsziele zu verfolgen
Macht-orientie-rung	**Gering entwickelt:** auf die Gnade des Autokraten angewiesen.	**Gering entwickelt:** außer bei entsprechend hoher Position, um Organisationsziele bestimmen zu können.	**Gering entwickelt:** außer bei entsprechend hoher Position, um Organisationsziele bestimmen zu können.
Rollen-orientie-rung	**Hoch entwickelt:** abgesichert durch entsprechende Regelungen und Vereinbarungen.	**Gering entwickelt:** nur in höheren Positionen.	**Gering entwickelt:** Organisationsziele sind relativ starr, und Aktivitäten sind genau vorgeschrieben.
Aufgaben-orientie-rung	**Mittelmäßig entwickelt:** Probleme, wenn der Beitrag des einzelnen überflüssig wird.	**Hoch entwickelt:** Aufgaben sind die Basis für die Beziehungen des einzelnen zur Organisation.	**Gering entwickelt:** jemand sollte nicht Mitglied der Organisation werden, sofern er sich nicht mit einigen ihrer Ziele identifiziert.
Mit arbeiter-orientie-rung	**Hoch entwickelt:** das Wohlergehen des einzelnen steht im Mittelpunkt.	**Hoch entwickelt:** vorausgesetzt, der einzelne ist in der Lage, seine eigenen Ziele zu entwickeln.	**Hoch entwickelt:** Ziele der Organisation werden durch die individuellen Bedürfnisse bestimmt.

Interessen der Organisation		
	Effizientes Reagieren auf bedrohliche und gefährliche Entwicklungen im Umfeld	Auffangen rapider Veränderungen	Interne Integration und Koordination aller Anstrengungen
Machtorientierung	**Hoch entwickelt:** die Organisation ist ständig bereit, zurückzuschlagen.	**Mittelmäßig bis gering entwickelt:** hängt von der Größe des Unternehmens ab.	**Hoch entwickelt:** wirksame Kontrolle geht von der Spitze aus.
Rollenorientierung	**Mittelmäßig bis gering entwickelt:** die Organisation läßt sich nur langsam mobilisieren.	**Gering entwickelt:** Prozeduren können nur langsam verändert werden; Kommunikationskanäle sind schnell überlastet.	**Hoch entwickelt:** rationelle Arbeitssysteme.
Aufgabenorientierung	**Mittelmäßig bis hoch entwickelt:** evtl. langsame Entscheidungen, aber fundierte Reaktionen.	**Hoch entwickelt:** flexibler Zugriff auf Ressourcen und kurze Kommunikationswege erleichtern die Anpassung.	**Mittelmäßig entwickelt:** integrierte übergeordnete Ziele; sich verändernde Strukturen können die Koordination erschweren.
Mitarbeiterorientierung	**Gering entwickelt:** Organisation braucht zu lange, sich der Bedrohung bewußt zu werden und darauf zu reagieren.	**Hoch entwickelt:** aber sprunghafte Reaktionen, die Verteilung von Ressourcen hängt stark von individuellen Bedürfnissen ab.	**Gering entwickelt:** gemeinsame Zielbildung ist schwierig, und die Aktivitäten sind von individuellen Interessen abhängig.

Für die meisten Organisationen dürfte es wenig erstrebenswert sein, sich ausschließlich einer der beschriebenen Kulturen zurechnen zu müssen. Ideal wäre eine Kombination, in der die Machtorientierung so weit ausgeprägt ist, daß man gegenüber der Konkurrenz bestehen kann, in der eine ausreichende Rollenorientierung für Stabilität und interne Integration sorgt, in der eine entsprechende Aufgabenorientierung systematisches Problemlösen und schnelles Anpassen an Veränderungen gewährleistet und in der es genügend Mitarbeiterorientierung gibt, so daß neue Mitarbeiter auf Anhieb erkennen, wie sie eigene Wertvorstellungen realisieren können.

Was die Konsequenzen für die Organisation und ihre Mitglieder betrifft, so sind auch bei einer derartigen Kombination von Kulturen die Konflikte vorgezeichnet. Wie die tägliche Praxis zeigt, entstehen in unterschiedlichen Bereichen unterschiedliche Kulturen, was zwangsläufig zu Spannungen, gegenseitigem Nichtverstehen und Auseinandersetzungen führt. Zu den Hauptaufgaben der Unternehmensleitung dürfte dann das Zusammenhalten und Integrieren der auseinanderstrebenden Organisationsteile mit ihren unterschiedlichen Subkulturen gehören.

Interdependenz von Unternehmenskultur und Strategie

Beispiel: Aufgrund der aktuellen Marktsituation kommt eine Bank zu dem Ergebnis, in Zukunft eine aggressivere Kreditpolitik zu betreiben. Entsprechende Verlautbarungen und Richtlinien, graduell riskantere Engagements einzugehen, fruchten nicht, da die Mitarbeiter, groß geworden mit der Norm einer maximalen Kreditsicherung, nicht mitziehen.

Jeder dürfte schon einmal die Erfahrung gemacht haben, daß an sich richtige und naheliegende Strategien und Maßnahmen abgelehnt werden oder nicht greifen, weil sie »irgendwie« nicht zum Unternehmen passen bzw. »irgendwie« auf Widerstand stoßen.

Eine mögliche Ursache dafür kann sein, daß der Vorschlag nicht zur Kultur des Unternehmens gepaßt hat, denn die gelebte Kultur kann sich als Hindernis bei der Realisierung neuer Strategien erweisen. Oder anders ausgedrückt: Wie läßt sich die vorhandene Kultur mit der Struktur, den Systemen und den Leuten vereinbaren, durch die und mit denen eine neue Strategie in die Praxis umgesetzt werden soll? Wie hoch muß das dabei auftretende kulturell bedingte Risiko eingeschätzt werden?

Zur Veranschaulichung ein weiteres Beispiel: Eine international tätige Großbank entwickelte eine neue Strategie, um das Geschäft mit den ausländischen Korrespondenzbanken zu intensivieren. Der Devisenhandel, die Emission von Anleihen, die Ausgabe und das Inkasso von Kreditbriefen sind wesentliche Stützen dieses Geschäftszweigs. Um erfolgreich zu sein, müssen die Aktivitäten ihrer zahlreichen ausländischen Bankfilialen mit den Transaktionen der Banken koordiniert werden, die ihren Sitz an so bedeutenden Finanzplätzen wie New York und London haben. Der Geldtransfer und andere Dienstleistungen müssen hervorragend organisiert sein. Die Kunden erwarten, daß auf ihre Anfragen und Wünsche sofort reagiert wird. Dazu braucht man hochqualifiziertes Personal, das Kundenkontakte auf einem hohen Niveau pflegen kann.

Der Strategieplan für die International Division dieser Großbank sah im einzelnen folgende Veränderungen vor:

– Struktur: 1. Im Hauptquartier soll eine eigene Organisationseinheit geschaffen werden, die sich ausschließlich dem Markt der ausländischen Korrespondenzbanken widmet. Bisher waren für dieses Geschäft nur geographisch orientierte Ländergruppenchefs zuständig.

2. Um die Aktivitäten der neuen Organisationseinheit mit den Ländergruppenchefs zu koordinieren, soll eine Matrix-Organisation etabliert werden.

3. Wesentliche Entscheidungskompetenzen sollen den Ländergruppenchefs abgenommen und der neuen Einheit übertragen werden.

4. Es soll ein gemischtes Team aus Leuten der

Zentrale und aus den eigenen Filialen im Ausland gebildet werden, um den Geldtransfer zu verbessern.

- Systeme: 5. Die Koordination mit anderen Bankeinheiten soll verstärkt werden.

6. Um die Ertragskraft dieses Geschäftszweigs messen zu können, soll ein entsprechendes Management-Informationssystem entwickelt werden.

- Personal: 7. Die Kontinuität der Kontakte mit den Kunden soll ausgebaut und verbessert werden.

8. Die neue Organisationseinheit soll für Topleute attraktiv gemacht werden.

Wie vertrug sich nun diese anspruchsvolle Strategie mit der gelebten Kultur dieser Bank?

Aufgrund umfangreicher Untersuchungen, orientiert am Klima und den zwischenmenschlichen Beziehungen einerseits und aufgabenbezogenen Kriterien andererseits, kam man, kurz gefaßt, zu folgenden Resultaten:

Klima/zwischen-menschliche Beziehungen	Gelebte Kultur
Unternehmensweit	– Erhalte dir deine Autonomie.
	– Die Ländergruppenchefs werden so lange die Geschäfte machen, wie sie die Ertragserwartungen erfüllen.
Vorgesetzter/ Mitarbeiter	– Vermeide Konfrontationen.
	– Verhalte dich versöhnlich bei Meinungsverschiedenheiten.
	– Unterstütze den Chef.
Zwischen Kollegen	– Wissen und Information sind Macht.
	– Sei ein Gentleman.

Zwischen Abteilungen	– Achte auf deine Gewinn-und-Verlust-Situation.
	– Bewache und beschütze dein Einflußgebiet.
	– Gehe bei bestimmten Fragen Koalitionen ein.

Aufgaben	Gelebte Kultur
Einleiten von Innovationen	– Ist riskant.
	– Es ist besser, ein erfolgreicher Zweiter als ein gescheiterter Erster zu sein.
Treffen von Entscheidungen	– Jeder Handel muß sich, für sich gesehen, lohnen.
	– Versuche, Übereinstimmung zu erzielen.
	– Lasse Entscheidungen von möglichst vielen Leuten abzeichnen.
	– Bring die richtigen Leute ins Spiel.
	– Fasse die Gelegenheit beim Schopfe.
Kommunizieren	– Halte Informationen zurück, um Gegner damit zu kontrollieren.
	– Vermeide Konfrontationen.
	– Sei ein Gentleman.
Organisieren	– Zentralisiere die Macht.
	– Sei autokratisch.
Kontrollieren	– Erfülle die kurzfristigen Ertragsziele.
Beurteilen und belohnen	– Belohne die Treuen und Ehrlichen.
	– Die besten Banker sind auch die besten Manager.
	– Such dir einen sicheren Job.

Dazu noch einige ergänzende Informationen:

Die Kultur in der International Banking Division war charakterisiert durch Ländergruppenchefs, die sich wie Feudalherren verhielten. Im Schnitt seit fünf bis sieben Jahren auf dieser Position konnten sie fast völlig autonom schalten und walten, solange sie die Ertragserwartungen erfüllten.

Um sich diese Autonomie zu erhalten, stand für sie kurzfristiges Erfolgsdenken mit Abstand an erster Stelle. Planungs- und Entscheidungsprozesse verliefen undiszipliniert, einzelfallorientiert und hochgradig auf den Entscheidungsträger ausgerichtet. Nachgeordnete Mitarbeiter entwickelten eine erhebliche Scheu vor Risiken. An der Entscheidung, sich an der Ausgabe einer Anleihe zu beteiligen, wirkten so viele Stellen mit, daß es schwierig war, jemanden für die Ergebnisse verantwortlich zu machen.

Falsch verstandene Kollegialität und konziliante Umgangsformen verhinderten, daß Konflikte offen und ehrlich ausgetragen wurden. Informationsmonopole wurden eifersüchtig bewacht und dazu mißbraucht, Gegner in Schach zu halten. Intrigen griffen um sich, und befördert wurden die Leute, die die größte Loyalität gegenüber ihren direkten Vorgesetzten zeigten. Ein allgemeiner Opportunismus machte sich breit.

Von der gelebten Kultur her standen die Zeichen nicht günstig, die 8-Punkte-Strategie zu realisieren. Oberflächlich betrachtet, stellten sich die Alternativen, die neue Strategie trotz allem durchzusetzen oder sie zu den Akten zu legen. Einerseits mußte davon ausgegangen werden, daß die neue Strategie bei den Betroffenen erheblichen Widerstand auslösen werde, andererseits verlangten die Marktverhältnisse und die Aktivitäten des Wettbewerbs nach einer Neuorganisation.

Um nicht Opfer dieser pauschalen Sichtweise zu werden, bei der lediglich zwei Extreme gegenübergestellt werden, entschloß sich das Management dazu, jede Teilstrategie auf ihre Verträglichkeit mit der analysierten Kultur zu untersuchen.

Oder anders ausgedrückt: Wie hoch waren im Einzelfall die kulturbedingten Risiken einzuschätzen?

Um diese Fragen beantworten zu können, befaßte man sich detailliert mit zwei Kernfragen:

1. Wie wichtig ist jeder Teilschritt für den Erfolg der gesamten Strategie?
2. Inwieweit lassen sich die einzelnen Teilschritte mit der vorhandenen Kultur vereinbaren?

Um die Bedeutung jedes Teilschritts beurteilen zu können, stellte man sich folgende Fragen:

- Welches Verhalten soll durch die Teilschritte bei den Betroffenen ausgelöst und verstärkt werden?
  - Wie stark werden davon die Schlüsselaufgaben des Managements betroffen?
  - Welche Auswirkungen ergeben sich auf das interne Beziehungsgefüge?
- Inwieweit ist durch dieses veränderte Verhalten gewährleistet, daß sich Erfolg in den kritischen Bereichen einstellt?
  - Welche spezifischen Kundenwünsche und -bedürfnisse sollen befriedigt werden?
  - Welche Wettbewerbsvorteile wird man auf dem Markt haben?
  - Wie wird sich das neue Verhalten auf die Kosten auswirken?
  - Welchen Einfluß wird das veränderte Verhalten auf die Öffentlichkeit, die Branche, die einschlägigen Regierungsstellen und Behörden, auf potentielle Mitarbeiter haben?

Dieser Ansatz zwingt dazu, sehr gründlich über die Interdependenz einer Strategie und der Kultur einer Organisation nachzudenken, in der die Planungen realisiert werden sollen.

Die angestrebte Matrix-Organisation und die Absicht, die

neue Organisationseinheit für Spitzenleute attraktiv zu machen, erwiesen sich als nur schwer vereinbar mit der bisherigen Kultur. Da Konflikte nicht offen ausgetragen wurden, Entscheidungen auf Einzelfälle abgestimmt waren, Beförderungen und sonstige Belohnungen sehr stark vom subjektiven Urteil des direkten Vorgesetzten abhingen, war abzusehen, daß die Neuorganisation ohne eine wesentliche Veränderung der Kultur nicht erfolgreich einzuführen war.

Der Schlüsselfaktor für den Erfolg dieses Projekts war, gute Leute für die neue Matrix-Organisation zu gewinnen. Wie groß war aber in einer solchen Kultur, in der es mehr auf Beziehungen als auf Leistung ankam, in der Status und Prestige denen vorbehalten blieben, die die größten Kundenkonten betreuten, die Wahrscheinlichkeit, entsprechend qualifizierte Mitarbeiter zu interessieren?

Um die Vereinbarkeit der neuen Strategie mit der gelebten Kultur zu überprüfen, wurden folgende Fragen gestellt:

- In welchem Umfang verändern sich Schlüsselaufgaben und eingefahrene Kontakte und Beziehungen?
- Wie anpassungsfähig ist die Kultur?
- Wie fähig ist das Management, den Wandel zu vollziehen?

Die Antworten auf diese Fragen gab die in Abb. 5 dargestellte Matrix.

Wie unschwer erkennbar, ließ sich die mit viel Aufwand entwickelte Strategie in der geplanten Form nicht realisieren. Sie paßte nicht zur Kultur. Diesem Problem sehen sich viele Unternehmen gegenüber, die im Grunde, wie fast alle, auf die Erhaltung des Status quo ausgerichtet sind. Vielen Führungskräften fehlen sowohl die Erfahrungen als auch die Fähigkeiten, komplexe strategische Änderungsprozesse einzuleiten und durchzustehen, so daß selbst kleine Veränderungen mit unverhältnismäßig großen kulturbedingten Risiken behaftet sind.

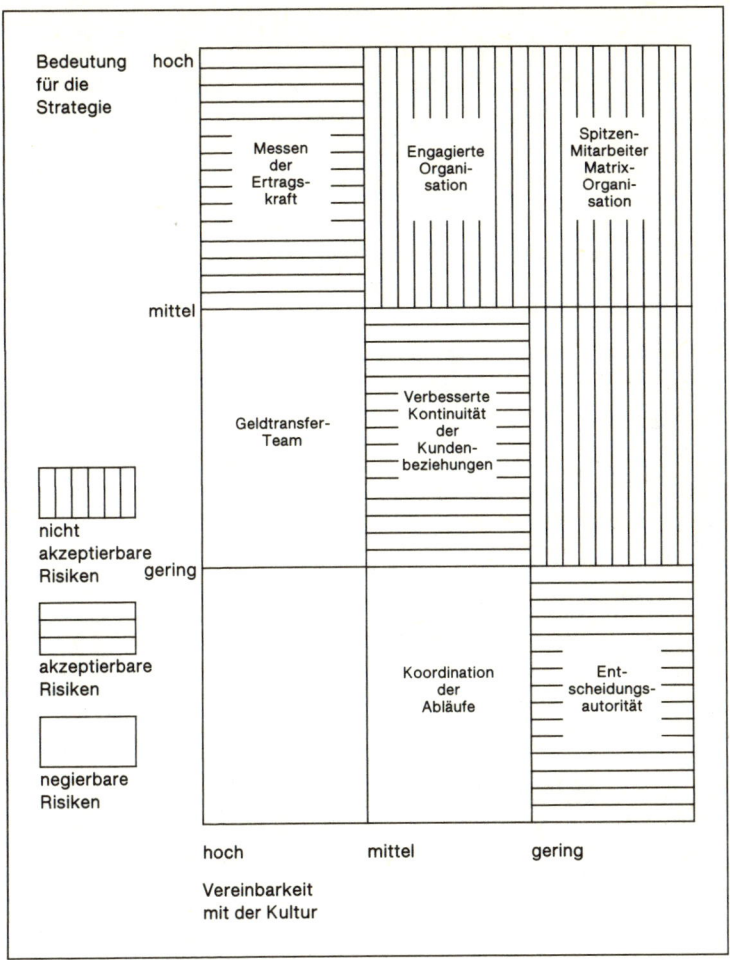

Abb. 5: Kultur – Strategie – Matrix

6. Vergleich, Vision und Wandel: Beeinflussen und Verändern von Unternehmenskulturen

»Die Gegenwart ist das einzige, was kein Ende hat.«

ERWIN SCHRÖDINGER

Ausgangssituation: Ein Unternehmen steht vor wesentlichen strategischen Veränderungen, die, wenn sie greifen sollen, nicht nur Struktur- und Systemveränderungen mit sich bringen, sondern einen erheblichen Einstellungswandel bei Führungskräften und Mitarbeitern voraussetzen. Eher gefühlsmäßig ist bereits erkennbar, daß neue Strategie und alte Kultur, also das, was täglich gelebt wird, und das, was an Normen, Wertvorstellungen und ungeschriebenen Gesetzen dahintersteht, nicht besonders gut zusammenpassen. Es zeichnet sich das Risiko ab, daß die neue Strategie zwar an sich richtig und notwendig ist, sich aber wegen der vorhandenen Gegebenheiten vielleicht nicht realisieren läßt.

Und damit befänden sich die Entscheidungsträger in einer häufigen Grundsituation des Menschen: Er hat zwar im Grunde recht, doch nützt es ihm im Augenblick möglicherweise nichts.

Was tun? Theoretisch und auch praktisch gibt es in einer derartigen Situation vier Möglichkeiten:

1. Ignorieren der Kultur
   Zwar wird dadurch der Status quo gewahrt, man kann so weitermachen wie bisher, doch hat dies mit einer fundierten Management-Entscheidung nicht mehr viel zu tun. Die Unternehmenskultur zu ignorieren hat seinen Preis.

2. »Herummanagen« um die bestehende Kultur

In den Fällen, in denen Veränderungen absehbar zu radikal und mit der gelebten Kultur als kaum vereinbar ausfallen würden, besteht nun im Sinne einer Abkehr vom Schwarzweißdenken die Möglichkeit, sich zu überlegen, wie eine an sich richtige Vorgehensweise aufgrund der bestehenden kulturbedingten Barrieren durch einen alternativen Ansatz ersetzt werden kann.

Beispiel: Bestandteil einer neuen Strategie ist es, das Marketing stärker als bisher auf die ertragreichsten Marktsegmente auszurichten. Um dies zu realisieren, müßte das Management-Informationssystem verändert und gleichzeitig das Belohnungssystem auf die neue Situation hin ausdifferenziert werden. An kulturbedingten Hindernissen stehen diesem Vorgehen aber eine diffuse Machtverteilung, ein feingesponnenes Netz persönlicher Beziehungen und ein stark individualistischer Entscheidungsstil bei den Leuten gegenüber, die einverstanden sein müßten. Ohne die ursprüngliche Strategie aufzugeben, eröffnet sich jetzt z. B. die Alternative, für die Bearbeitung der entscheidenden Märkte Personal zur Verfügung zu stellen, das sich ausschließlich mit dieser neuen Aufgabe befaßt.

3. Verändern der Kultur

Um Strategien umsetzen zu können, wird es in einer Reihe von Fällen unumgänglich sein, die Unternehmenskultur zu beeinflussen und zu verändern, obwohl es sich hier um einen langwierigen Prozeß handelt. Dabei müssen einige Voraussetzungen erfüllt sein, nämlich

– die Strategie muß klar sein,
– die bisher gelebte Kultur muß analysiert und transparent werden,
– aufgrund eines Vergleichs zwischen Strategie und Kultur müssen die kulturbedingten Hindernisse identifiziert werden.

Diese erlebbar gemachte Differenz zwischen alten Normen und neuem Verhalten gilt es abzubauen. Über ein neues Selbstverständnis, das Eigenschaften wie Flexibilität und Anpassungsfähigkeit betont, kann es gelingen, den gewünschten Wandel herbeizuführen. Ohne die Unterstützung und den Nachdruck durch das Topmanagement und ein bewußtes Wahrnehmen der Rollenmodell-Funktion durch die übrigen Führungskräfte wird dies nicht erreicht.

Dabei kann es aber nicht bleiben. Systeme und Strukturen müssen angepaßt werden. Vor allem muß das erwünschte neue Verhalten erkennbar und eindeutig belohnt werden. Im Ergebnis entsteht ein System gegenseitiger positiver Verstärkung.

4. Verändern der Strategie

In Extremfällen, z. B. aufgrund einer Fusion eines stark forschungsorientierten Betriebs mit einem Unternehmen, in dem die Verkaufskultur dominiert, kann es sinnvoll sein, nach vielen leidvollen Erfahrungen die Strategie neu zu überdenken bzw. zu überprüfen, ob die Rechnung, die vor dieser »Hochzeit« angestellt wurde, überhaupt aufgehen kann. Wahrscheinlich bedarf es einer Kombination aus den drei zuletzt beschriebenen Ansätzen – um die bestehende Kultur »herumzumanagen«, die Kultur zu verändern und die Strategie zu modifizieren –, um die kulturell bedingten Risiken einigermaßen in den Griff zu bekommen. Damit wäre auch ein Weg vorgezeichnet, mit Problemen umzugehen, die meistens überraschend auftauchen und um die man sich normalerweise nicht kümmert.

Unternehmenskultur als potentielles Problem

In den folgenden Fällen dürfte es sich lohnen, sich näher mit der Kultur des eigenen Unternehmens zu beschäftigen:

– Fehlende Orientierung
Unsicherheit und fehlende Orientierung über die Ausrichtung des Unternehmens können sich vielfältig ausdrücken:

- Die im Haus offiziell noch gültigen Grundsätze und Richtlinien sind überholt, im Bewußtsein der Mitarbeiter nicht verankert, und sie spielen in der täglichen Praxis nach dem Motto »Ruhe sanft!« keine Rolle mehr. Wenn die Unternehmensspitze von ihrer Richtlinienkompetenz keinen Gebrauch macht und nicht für eine Aktualisierung von Leitbildern und Grundsätzen sorgt, führt dies über kurz oder lang zu einer tiefsitzenden Orientierungslosigkeit.
- Es gibt zwar Richtlinien, aber exponierte Stellen im Betrieb verstoßen dagegen in exemplarischer Weise. Nach offizieller Lesart unerwünschtes Verhalten wird in Wirklichkeit belohnt und erwünschtes Verhalten bestraft. Was gilt tatsächlich?
- Etablierte Systeme verselbständigen sich und stehen wegen ihres Eigenlebens in mehr oder minder offenem Widerspruch zu den eigentlichen Intentionen des Unternehmens. Ein Zielsystem z. B., das aufgrund rein rechnerischer Gegebenheiten Negativwachstum letztlich prämiert, dürfte als grobe Ungerechtigkeit empfunden werden. Ebenso negativ kann sich ein Ausbildungssystem auswirken, das ausschließlich auf den Erwerb überprüfbaren Fachwissens ausgerichtet ist, während in der Praxis diejenigen, die mit Kunden umgehen können, also über Spielmacher-Qualitäten verfügen, Karriere machen.
- Eine Unternehmensspitze hält sich bedeckt und gibt die Losung aus: »Ihr könnt machen, was ihr wollt, solange es gutgeht«, was von den Betroffenen als elegant-großzügiges Führen an der »langen Leine«, aber auch als Laisser-faire und Indifferenz ausgelegt werden kann.

- Allgemeine Demotivation
Schlechtes Klima, Unsicherheiten, Angst als entscheiden-
der Motivationsfaktor, durchgängige atmosphärische
Schieflagen machen es notwendig, sich nicht nur mit den
Symptomen dieses Zustands zu befassen, sondern den tie-
ferliegenden Ursachen, den verdeckten dysfunktionalen
Botschaften auf den Grund zu gehen, um eine wirksame
Abhilfe schaffen zu können.

- Verselbständigte Kulturen
Zwischen Kultur und Strategie eines Unternehmens besteht kein Zusammenhang mehr. Die real gelebte Kultur,
die z. B. durch gegenseitiges Mißtrauen, Schuldzuweisungen, Verlierer-Spiele und ein Sich-gegenseitig-Blockieren
geprägt ist, gefährdet auf lange Sicht die Realisierung auch
bescheidener Unternehmensziele.

- Binnenorientierung
Wenn über Interna und Prozeduren mehr gesprochen wird
als über Kunden, Wettbewerber und Trends, dann dürfte
im Unternehmen bereits eine erhebliche Binnenorientierung eingesetzt haben. Je nach Branche ist es häufig nur
noch eine Frage der Zeit, bis vom Markt her die Quittung
dafür präsentiert wird.

- Subkulturen
Teilkulturen können sich in größeren Organisationen so
weit auseinanderentwickelt haben, daß eine Verständigung
und eine gemeinsame Sichtweise von Problemen nicht
mehr möglich erscheint. Zu einem gravierenden Problem
wird dieser Zerfall in nicht mehr interagierende Subkulturen dann, wenn er seinen Ursprung in der Unternehmensspitze hat, die über den internen Konflikt hinaus zunehmend die jeweiligen Hausmächte gegeneinander antreten
läßt.

– Exklusive Kulturen
  Ein Teil der Organisation entwickelt eine exklusive Kultur
  (in Kaufhauskonzernen z. B. »Substitut heiratet Bürgerli-
  che«) mit Club- und ›Members-only‹-Charakter, die einer
  Verständigung und kollegialen Zusammenarbeit mit anderen Bereichen entgegensteht.

– Diffuse Kulturen
  Man verlautbart etwas anderes, als man tatsächlich tut,
  was üblicherweise dem betrieblichen Zynismus und Sarkasmus Vorschub leistet.

– Veränderungen
  Um einen »Kulturschock« zu vermeiden, gilt es, vor wesentlichen strategischen und organisatorischen Veränderungen die Frage zu klären, inwieweit die gegebene Kultur
  sich als Barriere bei der Realisierung von Strategien auswirken kann und wie hoch das kulturell bedingte Risiko
  einzuschätzen ist.

– Fusionen
  Bei Fusionen und Übernahmen geraten häufig zwei unterschiedliche Kulturen aneinander. Sofern der kulturelle
  Faktor nicht vor dem Zusammengehen berücksichtigt wurde, führen eine Analyse im nachhinein und entsprechende
  Maßnahmen wenigstens zu einer verkürzten Integrations-
  phase.

– Schnelles Wachstum
  Bei schnellem Wachstum wird der ursprüngliche Pionier-
  geist häufig von Bürokratie, Analyse- und Planungsfeti-
  schismus verdrängt. Wie kann die alte unkomplizierte Kultur in lebenswichtigen Bereichen, trotz zunehmender Administration, Planung und Ordnung, gerettet werden?

- Verfremdung
  Eine immer weitergehende Technologisierung der Arbeits-
  abläufe und eine daraus resultierende Verfremdung und
  Anonymisierung der menschlichen Beziehungen werfen
  die Frage auf, wie diese Phänomene durch eine stärkere
  Mitarbeiter-Orientierung aufgefangen werden können. Getreu dem Schlagwort von John Naisbitt, »High tech – high
  touch«, machen sich heute gerade High-Tech-Unternehmen Gedanken darüber, über eine Stärkung der informellen Kommunikation einer Verödung des menschlichen
  Kontakts entgegenzuwirken.

Die genannten Ursachen, sich mit der eigenen Unternehmenskultur zu befassen, lassen sich sicherlich erweitern. Sie
fein säuberlich zu trennen, wie hier geschehen, dürfte wahrscheinlich nur auf dem Papier möglich sein. In der Realität
kommen meistens mehrere sich gegenseitig beeinflussende
Faktoren zusammen, die den letzten Anstoß geben, auf diesem Gebiet etwas zu tun.

Absehbare Pleiten bei der Beeinflussung und Veränderung der Unternehmenskultur

Da das Konzept »Unternehmenskultur« noch einigermaßen
jung und neu ist, liegen sowohl bei Praktikern wie auch bei
Theoretikern noch nicht allzu viele Erfahrungen darüber vor,
wie Projekte zur Beeinflussung und Veränderung der Kultur
gefahren werden können. Trotzdem gibt es einige Fallstricke
und Schlaglöcher auf dem Weg, die rechtzeitig erkannt und
berücksichtigt werden sollten.

- Steckengebliebene Projekte
  Zu diesem Ergebnis kann es dann kommen, wenn ein Projekt vom Topmanagement groß angekündigt wird und

dann über Präliminarien hinaus nicht viel passiert. Möglicherweise werden einige schwungvolle Reden gehalten, einige Kommissionen gebildet, ein zündender Slogan gefunden und große Erwartungen geweckt, aber darüber hinaus geschieht eigentlich gar nichts.

Eine scharfsichtige Analyse dieses Vorgehens würde wahrscheinlich ergeben, daß der Versuch unternommen wurde, den eigentlichen Änderungsprozeß durch eine innerbetriebliche Werbekampagne zu ersetzen, also durch etwas, womit man in vielen Unternehmen schon Erfahrungen gesammelt hat.

Aus der Reihe möglicher Ursachen seien zwei herausgegriffen, nämlich eine eher handwerkliche und eine politische:

● Ein Grund für Pleiten dieser Art kann darin bestehen, daß über die Anfänge hinaus kein umfassendes und weitergehendes Konzept bestanden hat, das möglichst viele der Betroffenen einbezogen hätte. Wird die Erneuerung der Unternehmenskultur z. B. einer Kommission übertragen, dann findet zwar innerhalb dieses Kreises wahrscheinlich eine intensive Auseinandersetzung mit der gelebten Kultur statt, doch der restlichen Belegschaft wird schließlich ein fertiges Ergebnis vorgesetzt, an dessen Zustandekommen sie nicht beteiligt war. Nachteil dieses Vorgehens ist es, daß der Funke nicht überspringen kann.

● Zu den eher politischen Ursachen zählt, daß – bei genauem Hinsehen – die Unternehmensspitze nicht hinter dem Projekt gestanden hat. Diejenigen, die ein solches Projekt propagierten, sind dann eher im hierarchischen Mittelbau zu finden. Der Druck, den sie ausübten, reichte zwar dazu, daß das Topmanagement seinen Segen gab und damit den Start ermöglichte, aber das gebremste Engagement erwies sich als unzureichend, um das Änderungsprojekt durchzustehen. Die Rollenmodell-

Funktion der Unternehmensspitze ist eben durch nichts zu ersetzen.

Wer heroisch genug ist, trotzdem weiterzumachen, für den dürfte die Verhaltensmaxime, sich ohne Rückendeckung nicht zu weit aus dem Fenster zu lehnen, von hohem praktischen Wert sein. Die Unterstützung »von oben« ist in dieser Phase nicht Voraussetzung für das Weiterkommen, sondern das Ergebnis. Obwohl es nach mühseligem Antichambrieren aussehen mag, gilt es, über Beobachtungen und Hinweise, die ohne großartige Analysen gewonnen und weitergegeben wurden, Mitglieder der Unternehmensspitze für das Thema »Unternehmenskultur« zu erwärmen, um im entscheidenden Augenblick die entsprechende Rückendeckung zu haben.

– Neuer Jargon statt erneuerter Kultur
In jedem dritten Satz den Begriff »Kultur« eher beiläufig fallenzulassen zeugt von Progressivität, Modernität und einfach davon, daß man auf der Höhe der Zeit ist. Nach dem NATO-Prinzip »No action – talk only« entwickelt sich ein neuer Jargon, es kommt zu verbalen Kraftakten im Sinne von »Wir müssen die Mitarbeiter stärker involvieren« oder »Der Kunde kommt immer an erster Stelle«, aber es ändert sich nichts. Man hat ein neues begriffliches Spielzeug gefunden. Nur, eine neue Kultur, die sich in Worten erschöpft und sich nicht in realem Verhalten niederschlägt, ist nichts wert.

Um Lippenbekenntnissen dieser Art vorzubeugen, müssen die Betroffenen an dem Änderungsprozeß unmittelbar teilnehmen. Von der Methode her einfach und überraschend ist es, immer wieder die Frage zu stellen, ob das, was im Augenblick geschieht und gesagt wurde, der neuen Kultur entspricht. Durch dieses »Gehen ins Hier und Jetzt« werden alte Verhaltensmuster bewußtgemacht, und Kultur wird in einem konkreten Sinne zum Thema, ohne daß das Wort Kultur überhaupt fällt.

– Zynismus aufgrund fehlender Glaubwürdigkeit
Werden neue Wertvorstellungen propagiert, von den oberen Führungskräften aber nicht vorgelebt, kulminiert dieser Zustand in der unausgesprochenen Botschaft: »Tut nicht das, was wir tun, sondern tut das, was wir sagen.« Die Mitarbeiter hören wohl das »Kulturgeschwätz«, nur sie glauben nicht daran, denn glaubwürdig ist nur das, was konkret vorgelebt wird. Hat die Unternehmensspitze einmal ihre Glaubwürdigkeit verloren und damit dem Zynismus und Sarkasmus der Mitarbeiter Tür und Tor geöffnet, bestehen nur noch geringe Chancen, daß es diesem Topmanagement gelingt, das weitverbreitete Mißtrauen abzubauen. In extremen Fällen, die gar nicht so selten sind, gibt es dann nur noch die Rettung durch einen Deus ex machina, durch eine neue Spitze, die, unbelastet durch die Vergangenheit, einen möglichst radikalen Neuanfang macht.

– Erneuerte Kultur im Hauruckverfahren
Eine Unternehmenskultur entwickelt sich über Jahre und Jahrzehnte. Sie von heute auf morgen ändern zu wollen entspricht zwar der kurzfristigen Erfolgs- und Ergebnisorientierung vieler Manager, doch es muß beim bloßen Wunsch bleiben. Die Erneuerung einer Kultur ist nicht etwas, was nur in den Köpfen der Betroffenen vor sich geht. Wer genauer hinsieht, wird unschwer erkennen, daß es in diesem Prozeß über eine Veränderung des Bewußtseins hinaus auch darum geht, Systeme und Strukturen zu überprüfen und neu auszurichten.

Um den zeitlichen Horizont realistisch abzustecken, sollten die Entscheidungsträger, die eine erneuerte Kultur haben wollen, immer wieder gefragt werden, wie eine neue Kultur in einem, in fünf und in zehn Jahren aussehen soll und was heute dafür schon getan werden kann. Gelernt wird dabei eine Politik der kleinen, aber richtigen Schritte und eine auf Tatsachen beruhende Einschätzung des Zeitbedarfs.

Als Trost für ungeduldige Manager eine Anekdote über den Maler Henri Matisse: Ein Freund hatte ihn dabei beobachtet, wie er mit einigen wenigen genialen Strichen einen vollendeten weiblichen Akt zeichnete, und ihm anschließend gesagt: »Du kannst diese Skizze für viel Geld verkaufen, doch wie lange hast du daran gearbeitet?« Die Antwort von Matisse: »Vierzig Jahre.«

– Der Schwanz wedelt mit dem Hund
In Unternehmen, in denen Strategien und Aktionen nicht mehr von übergeordneten Leitbildern, sondern von einer tagtäglich gelebten Praxis, die mit den Unternehmensgrundsätzen nichts mehr zu tun hat, bestimmt werden, fängt der Schwanz an, mit dem Hund zu wedeln, kurzfristige Ziele dominieren, man rettet sich von Improvisation zu Improvisation, ein allgemeines ›muddling through‹ macht sich breit.

Gerade in bürokratisch ausgerichteten Organisationen kann die tagtäglich gelebte Kultur als ausgesprochen übermächtig und entmutigend erlebt werden: Die Mitarbeiter sind davon überzeugt, daß eigentlich nichts geändert werden kann, außer man findet sich damit ab, daß es unglaublich lange dauert und es zu zahllosen Verzögerungen und Rückschlägen kommt. Unter dieser Last lösen sich gute Absichten in nichts auf. Man verliert den Blick für das Wesentliche, Sinn und Zweck der eigenen Organisation sind nicht mehr erkennbar, man konzentriert sich auf das, was gerade passiert.

Um dem entgegenzuwirken, empfehlen sich zwei Strategien:

1. Auch hier kann mit der Methode gearbeitet werden, Rückfälle in alte Verhaltens- und Vorgehensmuster zu hinterfragen: Welche alten Normen und Überzeugungen stehen dahinter, ziehen sie erwünschte oder unerwünschte Konsequenzen nach sich, inwieweit steht die

bisher gelebte Kultur einer Neuorientierung in die gewünschte Richtung entgegen, was kann überhaupt getan werden?

2. Da niemand gern ständig an seine überholte Vergangenheit erinnert wird, besteht die zweite Strategie darin, sich voll und ganz auf die Zukunft mit ihren neuen Leitbildern zu konzentrieren und die Vergangenheit Vergangenheit sein zu lassen. Vorausgesetzt, neue Leitbilder werden mit Leben erfüllt, lösen sie unmerklich alte Wertvorstellungen ab. Menschen halten so lange an alten Überzeugungen fest, wie nicht etwas Besseres auftaucht, das Sinn macht und sich in der täglichen Praxis bewährt.

– Prozeß ohne Resultat

Über die Kultur des eigenen Unternehmens kann man sich locker Stunden, Tage, Monate und Jahre unterhalten, ohne daß etwas passiert. Gerade in gruppendynamisch angekränkelten Gruppen verkommt der Prozeß zum Selbstzweck, und Zusammenkünfte werden zu einer willkommenen Plattform, Ärger zu artikulieren, kritisches Bewußtsein und emotionale Tiefe zu demonstrieren, andere durch die Höhe des eigenen moralischen Standards sowie durch die damit verbundenen ethischen Grundhaltungen zu beeindrucken und – daraus abgeleitet – unmerklich die Führung an sich zu reißen, den Rest der Gruppe zu dominieren und zu zensieren.

Um nicht mißverstanden zu werden: Gefühle wie Angst und Mißtrauen offen auszusprechen, Überzeugungen zu verbalisieren, zu erkennen, daß es anderen auch nicht viel bessergeht, gemeinsam Visionen darüber zu entwickeln, wie es idealerweise sein könnte, hat in aller Regel eine stark befreiende, vitalisierende und aktivierende Wirkung. Nur dabei darf nicht stehengeblieben werden. – Wie kann das neue Gruppenbewußtsein in Aktionen und Empfehlungen umgesetzt werden? Worin besteht der konkrete Beitrag des einzelnen? Welche Ziele will man erreichen, durch welche Maßnahmen und bis wann? Von woher kann man sich Hilfe und Unterstützung holen? Worüber müßte man mehr wissen, um einen fundierten Vorschlag ausarbeiten zu können?

Gefühle zu verbalisieren ist ein unverzichtbarer Bestandteil des Prozesses – aber noch nicht der gesamte, sondern höchstens 50% für den, der wirklich etwas ändern will.

– Resultat ohne Prozeß

Ebensowenig erfolgversprechend ist das andere Extrem, Ergebnisse ohne einen entsprechenden Prozeß erzielen zu wollen. Denn das würde bedeuten, neue und veränderte Wertvorstellungen einfach vorzugeben und sie z. B. über Aufkleber und Poster zu propagieren. Man spart dadurch zwar viel Zeit, doch wird dabei zuwenig in Bewegung gesetzt. Über bloße Feststellungen hinaus ist eine neue Kultur nur insofern etwas wert, als sie sich in Aktionen und veränderten Verhaltens- und Vorgehensweisen ausdrückt.

– Kosmetik

Eine Möglichkeit, zu versuchen, die Kultur zu beeinflussen, besteht darin, eine Kommission zu etablieren und ihr die Aufgabe zu stellen, neue Leitsätze auszuarbeiten.

Dabei hat man eine gute Chance, Maximen aufzustellen, die Ewigkeitswert haben, niemandem weh tun und in keiner konkreten Beziehung zum eigenen Unternehmen stehen. Wer hat schon etwas gegen Integrität, exzellenten Kundenservice und eine soziale Einstellung gegenüber Mitarbeitern? Unter welchen Umständen könnte es falsch sein, jedem Mitarbeiter die Möglichkeit zu geben, Persönlichkeit und Fähigkeiten durch seine Arbeit zu entwickeln? Sind Unternehmen denkbar, die auf ihrem Gebiet keine führende Stellung einnehmen wollen, deren Aktivitäten nicht darauf ausgerichtet sind, die Erwartungen von Kunden, Mitarbeitern und Aktionären zu erfüllen, deren Erfolg nicht auf dem Zusammenspiel aller Mitarbeiter auf der Grundlage von Toleranz und gutem Willen basieren sollte?

Trotz ehrlichen Bemühens und einer lauteren Gesinnung wird betriebliche Prosa produziert, deren Aufforderungscharakter gleich Null ist, weil hier Aussagen zustande kommen, die schon vor hundert Jahren richtig waren und die auch noch in hundert Jahren stimmen werden. Der aktuelle und konkrete Bezug zum eigenen Unternehmen fehlt.

Was läßt sich nun dagegen tun, daß die Formulierung von Unternehmens- und Führungsgrundsätzen zur kosmetischen Übung verkommt? Leitsätze sollten nur vor dem Hintergrund einer Bestandsaufnahme der gegenwärtig gelebten Kultur erstellt werden. Erst dadurch gewinnen sie Brisanz und Aktualität. Darüber hinaus sollten gleichzeitig mit dem Abfassen von Grundsätzen Überlegungen angestellt werden, durch welche Maßnahmen die Idealvorstellungen realisiert werden können. Es empfiehlt sich, den zeitlichen Abstand zwischen der Veröffentlichung von Leitsätzen und dem Einleiten von Maßnahmen, die sichtbar, spürbar und erlebbar sind, möglichst gering zu halten. Worte bleiben Schall und Rauch, wenn ihnen keine Taten folgen.

Zwar führen alle beschriebenen Pleiten zum Scheitern von Änderungsprojekten, doch ist ihnen wenigstens ein erkenntnispraktischer Vorteil gemeinsam: sie erlauben tiefe Einblicke in die gelebte Kultur. Flops und Pleiten sind kein Zufall, sondern Ausdruck und Symptom dafür, welche Wertvorstellungen und Überzeugungen, wenn auch vielleicht unter der Oberfläche, wirklich relevant sind.

Noch ein Modell: Der lange Weg von der Vision zum Unternehmenserfolg

Bei der Beeinflussung und Veränderung von komplexen Kulturen lohnt es sich, ein einigermaßen klares Bild darüber zu haben, wie die einzelnen Elemente idealerweise aufeinander aufbauen, voneinander abhängig sind und sich gegenseitig beeinflussen. Nur von daher wird es später möglich sein, Widersprüche, Ungereimtheiten, Schwachstellen und Problembereiche zu erkennen und Maßnahmen zu entwickeln (vgl. Abb. 6).

Im Zusammenhang damit ergeben sich bereits im Sinne einer betrieblichen Gewissenserforschung eine Reihe mehr oder minder kritischer Fragen:

Vision:

– Gibt es überhaupt eine Vision, d. h. mittel- und langfristige Vorstellungen über die zukünftige Entwicklung des Unternehmens?
– Worin besteht die Mission des Unternehmens, wie definiert man den Unternehmenszweck, worin wird der Auftrag des Unternehmens gesehen?
– Welche globalen Ziele werden daraus abgeleitet?

Die Ford Motor Company z. B. sieht sich als weltweiter Führer sowohl im Automobilbau als auch in neueren Industrien wie Luft- und Raumfahrt, Kommunikation und auf dem Gebiet finanzieller Dienstleistungen. Das Unternehmen ist von seinem Auftrag überzeugt, Produkte und Dienstleistungen ständig zu verbessern, um Kundenbedürfnisse zu erfüllen und gleichzeitig als Unternehmen zu prosperieren und gegenüber den Aktionären eine angemessene Kapitalverzinsung zu gewährleisten.

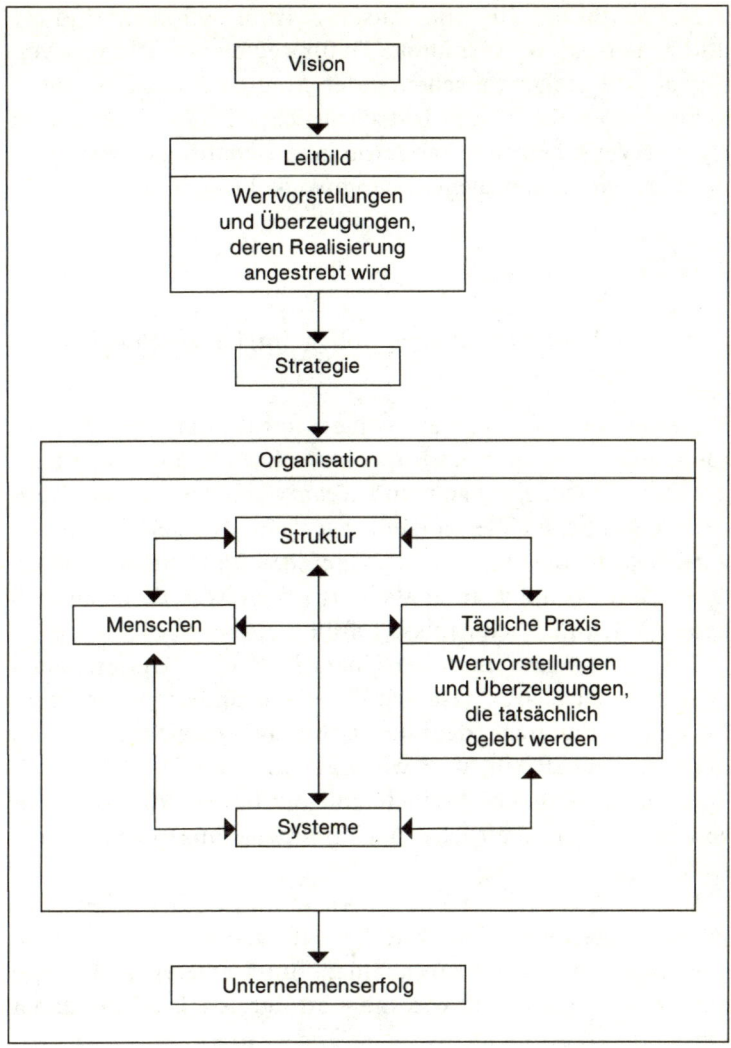

Abb. 6: Von der Vision zum Unternehmenserfolg

Ein anderes Beispiel: Die Bertelsmann AG stellt in ihrer Unternehmensverfassung unter dem Stichwort »Das Unternehmen und seine Ziele« u. a. fest: »Wir sind ein Medienunternehmen, das im In- und Ausland Informationen, Bildung und Unterhaltung vermittelt. Dafür setzen wir alle uns verfügbar und geeignet erscheinenden Medien ein... Das Unternehmen soll liberal und fortschrittlich sein. Es strebt an, in eigener Verantwortung moderne gesellschaftliche Lösungen, die dem Menschen dienen, zu entwickeln.«

Leitbild:

– Welche Wertvorstellungen sollen im Unternehmen realisiert werden?

Ford reduziert die eigenen ›values‹ auf drei knappe Punkte: ›people‹, ›products‹ und ›profits‹. Die Mitarbeiterbeteiligung an Entscheidungen und Teamwork stellen den Kern der menschlichen Wertvorstellungen dar. Bei den Produkten wird betont, daß ihr Ruf sich auf das Unternehmen überträgt. Und Profite werden als endgültiges Maß dafür angesehen, wie Kundenbedürfnisse erfüllt werden.

Bei Bertelsmann unter der Überschrift »Das Unternehmen in der Gesellschaft« liest sich das etwas anders: »Wir treten für eine freiheitliche, demokratische und soziale Ordnung in der Gesellschaft ein, weil wir glauben, daß sie ein Höchstmaß an persönlicher Freiheit und die besten Voraussetzungen für gesellschaftliche Weiterentwicklungen gewährleistet.«

Während Wertvorstellungen Auskunft darüber geben, was für ein Unternehmen wichtig ist, befassen sich Überzeugungen damit, wie ein Unternehmen funktionieren sollte, wie man etwas handhabt, wie man erfolgreich ist. Von daher dann auch die Frage:

– Welche Überzeugungen werden vertreten?

Bei Ford sind es fünf Punkte:
– Qualität kommt zuerst.

- Ständige Verbesserungen sind wesentlich für unseren Erfolg.
- Die Mitarbeiter zu beteiligen ist unser Arbeitsstil.
- Händler und Lieferanten sind unsere Partner.
- Was unsere soziale und gesellschaftliche Integrität betrifft, gibt es keine Kompromisse.

Bei Bertelsmann finden sich u. a. folgende Überzeugungen:
- Grenzen für unsere publizistische Tätigkeit sehen wir dort, wo Werte demokratischer Ordnung verletzt werden.
- In unserer internationalen Tätigkeit wollen wir kulturelle Tradition und nationale Eigenart achten und fördern.
- Bei der Auswahl von Führungskräften hat die Befähigung Vorrang vor anderweitigen Ansprüchen.
- Die berufliche Bildung sehen wir als gemeinsame Aufgabe von Mitarbeitern und Unternehmen an.

Strategie:

- Welche Strategien werden benutzt?
- Stehen die Strategien im Einklang mit Vision und Leitbild?

Organisation:

- Struktur: Wie beeinflußt die Aufbauorganisation die Menschen, die Systeme, die tägliche Praxis?
- Menschen: Inwieweit stehen die Struktur, die Systeme und die tägliche Praxis im Einklang mit den Bedürfnissen und Erwartungen der Mitarbeiter?
- Systeme: Welchen Einfluß haben die etablierten Systeme auf die übrigen Elemente der Organisation?
- Tägliche Praxis:
  - Inwieweit unterstützen die Wertvorstellungen und Überzeugungen, die tatsächlich gelebt werden, die Realisierung von Vision, Leitbild und Strategie?

● Ist von der täglich gelebten Praxis her erkennbar, daß das Leitbild klar und im allgemeinen Bewußtsein verankert ist?

Beeinflussen und Verändern von Unternehmenskulturen

Dieser Prozeß läßt sich am besten als Lernprozeß der Organisation beschreiben, wobei es, um tatsächlich Änderungen zu bewirken, um eine spezielle Art von Lernen geht, nämlich um das zweimaschige Lernen. Aber zuerst zum einmaschigen Lernen:

Nach dem Prinzip des einmaschigen Lernens funktioniert z. B. ein Thermostat, der Informationen über die Raumtemperatur aufnimmt, sie mit der eingestellten Temperatur vergleicht und anschließend entsprechend heizt oder nicht heizt, um die gewünschte Temperatur wiederherzustellen. Oder, auf Organisationen übertragen: Die Mitglieder reagieren auf interne und externe Veränderungen, indem sie Abweichungen von einem gewünschten Sollzustand identifizieren und versuchen, den alten, als richtig erlebten Zustand wieder herbeizuführen. In einem sich ständig ändernden Umfeld wird dadurch eine gewisse Konstanz, eine gewisse Stabilität der Organisation gewährleistet. Dabei kommt es zwangsläufig zu Korrekturen und Lösungen, die sich im Rahmen bisheriger verdeckter Normen bewegen, der Status quo bleibt erhalten, die das Verhalten bestimmenden Normen werden nicht hinterfragt, sie bleiben unverändert bestehen.

Um die Nachteile dieses einmaschigen Lernens, das eigentlich ein Nichtlernen darstellt, zu verdeutlichen, sei ein banales Beispiel aus der überreichen Fülle der täglichen Betriebspraxis herangezogen: Ein Vorgesetzter, der Normen wie Pflichterfüllung, Zuverlässigkeit und Einsatzbereitschaft stark verinnerlicht hat, bekommt Schwierigkeiten mit einem jüngeren Mitarbeiter, dessen Arbeitsauffassung er nicht versteht und von der er glaubt, sie nicht durchgehen lassen zu können. Es kommt zu einem Korrekturgespräch, das, den hiesigen Traditionen entsprechend, häufig in Form eines spannungsgeladenen Kritikgesprächs durchgeführt wird. Der Vorgesetzte sagt dem Mitarbeiter, was ihm nicht gefällt und was der Mitarbeiter ändern sollte. Der Mitarbeiter gelobt halbherzig Besserung, und die Situation ist damit vorerst geklärt. Sofern aber der Vorgesetzte danach nicht ständig den Mitarbeiter kontrolliert, wird sich wahrscheinlich nichts ändern. Das Gespräch war umsonst.

Der Vorgesetzte hätte auch fragen können, welche Ursachen hinter der abweichenden Arbeitsauffassung des Mitarbeiters stehen. Vielleicht hätte er dabei erfahren, was für den Mitarbeiter eine attraktive Arbeit ist, welche Selbstverwirklichungs- und Lernziele er sich gesteckt hat, wie er sich ein Umfeld vorstellt, in dem ihm das Arbeiten Spaß macht.

Der Vorgesetzte hätte bei dieser Gelegenheit u. a. lernen können, daß Einsatzbereitschaft und Engagement nicht Voraussetzungen für eine normgerechte Aufgabenerfüllung sind, sondern das Ergebnis eines motivierten Arbeitens in einer kooperativen Atmosphäre. Vielleicht hätte er erkannt, daß seine alten, ausschließlich aufgabenorientierten Normen falsch sind und daß er, sofern er auf ihnen beharrt, bald am Ende seines Lateins als Führungskraft sein wird.

Vielleicht hätte er bei dieser Gelegenheit außerdem etwas darüber erfahren, warum Menschen auch arbeiten und welche Voraussetzungen erfüllt sein müssen, damit sie gern arbeiten.

Darüber hinaus hätte der Mitarbeiter vielleicht etwas dazugelernt, nämlich daß es über individuelle Ziele hinaus Abteilungsziele gibt, die nur gemeinsam erreicht werden können, und daß es auf seinen Beitrag ankommt. Vielleicht wären sich beide im Gespräch nähergekommen, hätten Vorurteile abgebaut und sich darüber unterhalten, wie man in Zukunft besser zusammenarbeiten könnte. Vielleicht hätten beide sogar eine konkrete Vereinbarung getroffen, um dieses Ziel nach und nach zu erreichen.

Theoretisch betrachtet, hätte in diesem Gespräch zweimaschiges Lernen stattgefunden, das bedeutet, auf die Ebene der Organisation übertragen: Das Wertesystem des Unternehmens und die daraus abgeleiteten tagtäglich gelebten Normen werden gemeinsam hinterfragt, um dadurch scheinbare Unvereinbarkeiten aufzulösen und sich auf neue Prioritäten und eine veränderte Gewichtung bestehender Normen zu einigen oder um – was sich häufig nicht umgehen läßt – als dysfunktional und absurd erkannte Wertvorstellungen und Normen ganz über Bord zu werfen, sie durch neue zu ersetzen und gemeinsam über Realisierungsstrategien nachzudenken und diese zu beschließen.

Ein Änderungskonzept in fünf Phasen

Natürlich kann man sich auf den Standpunkt stellen, daß das Verändern einer Unternehmenskultur nur in Form eines offenen Prozesses geschehen kann, bei dem am Start niemand genau weiß, welche Ergebnisse er zeitigen wird. Je nach dem Ausprägungsgrad des Bedürfnisses nach Sicherheit, Vorhersehbarkeit und Struktur dürfte aber diese Aussicht für viele eher angstauslösenden und abschreckenden Charakter haben.

Nachfolgend wird der zweifellos unvollkommene Versuch unternommen, wesentliche Stationen eines Änderungsprozesses in Form von fünf Phasen darzustellen. Viele Wege führen nach Rom, und es steht von vornherein außer Zweifel, daß man es auch anders machen kann.

Phase 1: Wer sind wir?

Ziel dieser Phase ist es, die tägliche Praxis mit ihren real gelebten und erlebten Wertvorstellungen und Überzeugungen zu hinterfragen und »eigentlich« gültige Normen und ungeschriebene Gesetze zu identifizieren.

Einen relativ radikalen Einstieg in den Themenkomplex stellen Gruppeninterviews dar, durch die Grundannahmen der Organisation über sich selbst bewußtgemacht und identifiziert werden sollen. Edgar H. Schein, Consultant und Management-Professor am Massachusetts Institute of Technology, schlägt in diesem Zusammenhang folgende Fragestellungen vor:

- Welche Grundannahmen hat die Organisation über sich selbst?
  - Wer sind wir, worin besteht unsere Mission bzw. unser Auftrag, welche Funktion haben wir in der Gesellschaft, woraus leiten wir die Berechtigung zu existieren und zu überleben ab? Warum gibt es uns als Unternehmen?
  - Mit welchen Bereichen unseres Umfelds setzen wir uns auseinander, sei es, weil wir von dort bedroht und eingeschränkt werden, oder sei es, weil es dort Möglichkeiten für uns gibt?
  - Wie ist unser Verhältnis zu unserem Umfeld, dominieren und kontrollieren wir es, leben wir mit ihm in Harmonie, besteht eine symbiotische Beziehung, oder werden wir dominiert und müssen ständig nach Nischen Ausschau halten?

Natürlich können diese Fragen nicht so direkt gestellt werden, wie sie hier stehen. Um Antworten zu erhalten, ist es empfehlenswert, sich mit der Geschichte des Unternehmens zu befassen, Krisen, Phasen beschleunigten Wandels und andere Situationen hoher emotionaler Betroffenheit zu identifizieren. Für jedes kritische Ereignis sollte dann rekonstruiert werden, wie das Management damit umging, welche Einflußgrößen es berücksichtigte, wie es die Identität, Rolle und Position des Unternehmens definierte. Wahrscheinlich fällt es dann nicht mehr schwer, bestimmte Ablauf- und Verhaltensmuster zu erkennen, die sich ständig wiederholen und die auch das Geschehen in jüngerer Vergangenheit beeinflussen konnten. Im Grunde kommt es darauf an, die Basisannahmen zu erkennen, auf denen die Aktionen des Managements in diesen kritischen Fällen beruhten. Wohl dem, der eine Vergangenheit hat.

– Welche Grundannahmen hat die Organisation über die Wirklichkeit?
  • Ausgehend von einer objektiv gegebenen Realität, die sich anhand von Fakten und Zahlen darstellen läßt, einer sozialen Realität, die sich über Meinungen, Traditionen, Dogmen und Prinzipien verifizieren läßt, und einer subjektiven Realität, die aufbaut auf subjektiven Erfahrungen, persönlichem Geschmack, Vorurteilen – bei welchen Entscheidungen wird von welcher Realität ausgegangen? Welche Sichtweise der Wirklichkeit setzt sich wann durch?
  • Auf welcher Grundlage wird entschieden, ob etwas »wahr« und »wirklich« ist?

    ○ *Tradition:* »Wir haben das schon immer so gemacht.«
    ○ *Dogmen:* »Das ist der einzig richtige Weg, es zu tun.«
    ○ *Autoritäten:* »Unser Präsident wünscht, daß wir es so machen.«
    ○ *Rationale Abläufe:* »Diese Entscheidung wird von einem kompetenten Komitee getroffen, und wir machen das, wofür es sich entscheidet.«
    ○ *Konfliktaustragung/offene Diskussion:* »Wir haben in drei Sitzungen darüber gestritten, es im Verkauf ausprobiert, und wir gehen nach wie vor davon aus, daß es eine gute Idee ist. Also werden wir es machen.«

o *Versuch und Irrtum:* »Wir werden es versuchen, und dann sehen wir weiter.«
o *Wissenschaftlicher Test:* »Unsere Forschungsergebnisse zeigen, daß wir auf dem richtigen Weg sind.«

Um auf diese Fragen verwertbare Antworten zu bekommen, sollte man zuerst eine Reihe von Entscheidungssituationen identifizieren, die Änderungen der Strategie betrafen und bei denen es, vor ihrer Lösung, zu deutlichen Konflikten gekommen war. Von welcher Art von Realität war man dabei ausgegangen, aufgrund welcher Kriterien wurde schließlich eine Entscheidung getroffen, inwieweit wiederholen sich diese Kriterien, sind bestimmte Muster zu erkennen, inwieweit wird auch heute noch nach diesen Mustern verfahren?

– Welche Grundannahmen bestehen über die Zeit und ihre Strukturierung?
  ● Ist die Organisation mehr auf die Vergangenheit, die Gegenwart oder die Zukunft ausgerichtet?
  ● Denkt man mehr in linearen Zeitabläufen, in einer Vielzahl unterschiedlicher Zeitspannen oder in Zyklen?
  ● Mit welchen Zeitspannen arbeitet man, wie lange dauern Zyklen?

Hilfreich sind in diesem Zusammenhang Fragen danach, ob bei kürzlichen Entscheidungen mehr vergangene Erfahrungen, eine gegebene Gegenwart oder zukünftige Entwicklungen berücksichtigt wurden. Auf welchen zeitlichen Zyklen basieren vorhandene Systeme und Prozeduren? Welche Abweichungen sind erlaubt? Was wird allgemein als »spät« bezeichnet? Wie lange vorher werden Termine vereinbart? Inwieweit wird im Betrieb die Zeit erfaßt? Ergeben sich auch hier wiederum Gemeinsamkeiten, von denen Grundannahmen darüber abgeleitet werden können, wie man im Unternehmen mit Zeit umgeht?

- Welche Grundannahmen bestehen über den Raum?
  - Steht Raum unbegrenzt, begrenzt oder überhaupt nicht zur Verfügung?
  - Inwieweit signalisiert die Größe des Raums Status und Macht?
  - Wird Raum als persönliches Eigentum oder mehr als Tummelplatz für alle gesehen?
  - Was sagen Raumeinteilung und Zuordnungen über die kollegialen Beziehungen aus?
  - Wird Raum dazu benutzt, sich abzukapseln und ins Private zurückzuziehen?
  - Welche räumlichen Abstände werden gewahrt bei offiziellen und inoffiziellen Gelegenheiten?

Hier genügt es, die Gruppenmitglieder nach ihren persönlichen Erfahrungen zu fragen und ihnen dabei zu helfen, Grundannahmen darüber zu entwickeln, was hinter der erlebten Distanz oder Nähe steht.

- Welche Grundannahmen existieren über die Natur des Menschen?
  - Welche Einstellung hat man gegenüber Mitarbeitern? Hält man sie eher für »schlecht«, »gut« oder »neutral«?
  - Lassen sich die Mitarbeiter entwickeln, oder sind sie durch Geburt und Vererbung fixiert?

Welche Geschichten erzählt man sich im Unternehmen über »Helden« und »Schufte«, über Erfolgreiche und Versager, wie werden sie menschlich eingeschätzt? Weitere Anhaltspunkte über Grundannahmen ergeben sich aus Fragen nach der Personalpolitik (Einstellung, Auslese, Beförderung), nach den bei der Beurteilung verwandten Kriterien, nach Belohnungs- und Kontrollsystemen, um von daher mehr Klarheit darüber zu bekommen, was im Unternehmen im weitesten Sinne bestraft und belohnt wird.

- Welche Grundannahmen bestehen hinsichtlich der Art und Weise, wie Menschen auf Entwicklungen in ihrer Umwelt reagieren?

- Menschen verhalten sich proaktiv, vorbeugend und anti-
  zipierend, sie tun etwas, um Probleme zu lösen, nichts
  ist unmöglich, sie kämpfen, gewinnen, versuchen es aufs
  neue, sie sind stärker als die Natur, sie sind auf Handeln
  ausgerichtet.
- Menschen verhalten sich reaktiv, sie ergeben sich in ihr
  Schicksal, finden sich damit ab, sie ordnen sich der Natur unter, sie sind auf das Sosein ausgerichtet.
- Menschen leben in Harmonie mit sich selbst und ihrer
  Natur; die eigenen Talente zu entwickeln, sich selbst zu
  perfektionieren ist ein natürlicher Vorgang, sie sind auf
  ein »Werden im Sein« ausgerichtet.

Ausgehend von zurückliegenden Problemen, die dem Unternehmen von außen aufgezwungen werden, mit welchem
der drei Ansätze wurde darauf reagiert, welches Selbstverständnis stand dahinter, inwieweit sind diese verdeckten
Verhaltensmuster nach wie vor wirksam?
Man könnte auch einen anderen Weg wählen, nämlich bei
früheren Führern, Gründern und Helden untersuchen, mit
welchem Selbstverständnis sie an Probleme herangegangen sind. Bezogen auf die Gegenwart, liegt der nächste
Schritt nahe: Wie sieht es heute in der Organisation aus,
mit welcher der beschriebenen Einstellungen arbeiten erfolgreiche und weniger erfolgreiche Mitglieder der Organisation?

- Welche Grundannahmen gibt es über Zusammenarbeit
  und menschliche Beziehungen im Unternehmen?
  - Auf welcher Basis werden menschliche Beziehungen
    strukturiert?
    - Tradition, Hierarchie, Familie;
    - Kooperation, Gruppenkonsens, gemeinsamer Erfolg;
    - Individualität, Wettbewerb, individuelle Rechte und
      individueller Erfolg.

- Worauf beruhen im Grunde die organisationsbedingten Beziehungen, die Formen der Zusammenarbeit im Unternehmen?
  - *Autokratie:* Führer, Gründer und Inhaber haben das Recht und die Pflicht, Macht auszuüben.
  - *Paternität:* Die an der Macht sind, sind verpflichtet, für diejenigen zu sorgen, die keine Macht haben.
  - *Konsultation:* Bei Entscheidungen steuern alle Ebenen wichtige Informationen bei, aber die Macht verbleibt in den Händen der Führer und Eigentümer.
  - *Partizipation:* Für den Erfolg des Unternehmens sind die Informationen und Fähigkeiten auf allen Ebenen ausschlaggebend, so daß die Macht entsprechend geteilt werden muß.
  - *Delegation:* Kompetenzen müssen entsprechend den Fähigkeiten und dem Wissen verteilt werden, wobei die endgültige Verantwortung von der Management-Ebene getragen wird.
  - *Kollegialität:* Die Mitglieder der Organisation sind Partner und tragen die volle Verantwortung für das gesamte Unternehmen.

Diesem Komplex läßt sich auf mehreren Ebenen näherkommen:

  - Werden Entscheidungen von einzelnen und/oder Gruppen getroffen?
  - Wie wird in diesen Entscheidungsprozessen Macht ausgeübt?
  - In welcher Beziehung standen in der Vergangenheit »Helden« und »Schufte« zu anderen?
  - Was unternimmt die Organisation bei Disziplinlosigkeiten und Insubordination?
  - Von welchen Grundannahmen wird ausgegangen?

Ein anderer Ansatz, die Frage »Wer sind wir?« zu beantworten, besteht darin, sich mit Hilfe von Einzel- und Gruppeninterviews, teilnehmender Beobachtung von Besprechungen und Konferenzen sowie über eine Analyse der Firmengeschichte Klarheit darüber zu verschaffen, wie Aktivitäten und Aufgaben unter den Aspekten

- unternehmensweit,
- zwischen Vorgesetzten und Mitarbeitern,
- zwischen Kollegen,
- zwischen Abteilungen und Bereichen

wahrgenommen werden.

Eine Auswertung der gesammelten Daten gibt im Hinblick auf die tägliche Praxis bzw. die täglich gelebte Kultur Antworten auf die beiden zentralen Fragen:

- Welche Wertvorstellungen, Überzeugungen, Normen und ungeschriebenen Gesetze bestimmen die tägliche Arbeit bzw. die Art und Weise, wie an Aufgaben herangegangen wird?
- Welche Wertvorstellungen und ungeschriebene Gesetze bestimmen die Zusammenarbeit bzw. die Beziehungen, das Klima im Unternehmen?

Um beide Aspekte zu erfahren, kann u.a. mit folgenden Fragestellungen im einzelnen gearbeitet werden:
- Zielsetzung/Zielvereinbarung
  - Inwieweit wird erkennbar mit Zielen gearbeitet?
  - Welche Rolle spielen Ziele im Betriebsalltag?
  - Inwieweit sind Ziele aufeinander abgestimmt?
  - Inwieweit werden Ziele gesetzt, vorgegeben oder vereinbart?
  - Sind die Ziele klar, realistisch und erreichbar?
  - Wie sieht es mit der Akzeptanz, der Identifikation mit Zielen aus?
  - Inwieweit stehen persönliche und Unternehmensziele im Einklang miteinander?

- Innovation
  - ○ Inwieweit sind Innovationen erwünscht?
  - ○ Von wem geht die Initiative aus?
  - ○ Kann jeder neue Ideen einbringen und entwickeln?
  - ○ Was passiert dann? Welche Widerstände gibt es?
  - ○ Inwieweit wird Innovation durch Geld, Zeit und Personal unterstützt?
  - ○ Darf man Fehler machen? Was passiert bei Flops?
  - ○ Inwieweit wird der Sprung von der Kreativität zur Innovation geschafft?
  - ○ Welche Hindernisse gibt es?

- Entscheidungsfindung
  - ○ Wie transparent oder undurchsichtig verlaufen Entscheidungsprozesse?
  - ○ Inwieweit werden bei dieser Gelegenheit aus Betroffenen Beteiligte gemacht?
  - ○ In welchem Zusammenhang stehen die Entscheidungskriterien mit den Zielen?
  - ○ Inwieweit wird auf Einwände eingegangen?
  - ○ Wird auf der Ebene entschieden, auf der ein Optimum an Information und Know-how vorhanden ist?
  - ○ Wer entscheidet?
  - ○ Inwieweit werden »einsame« Entscheidungen als »kooperativ« verkauft?

- Kommunikation
  - ○ Inwieweit sind die Informations- und Kommunikationsströme (horizontal, vertikal in beiden Richtungen) ausreichend?
  - ○ Wie erfährt man etwas?
  - ○ In welchem Verhältnis stehen offizielle und inoffizielle Kommunikation?
  - ○ Was erfährt man, was nicht? Was ist tabu?
  - ○ Wie zuverlässig, glaubhaft und effizient ist die offizielle Unterrichtung?

○ Inwieweit werden die Dinge beim Namen genannt?

● Organisation
   ○ Welche Rolle spielen Planung, Ordnung und Koordination?
   ○ In welchem Verhältnis stehen formelle und informelle Organisation?
   ○ Ist das Unternehmen und seine Bereiche über- oder unterorganisiert?
   ○ Inwieweit wird die Organisation als Hemmschuh, als bürokratisch erlebt?
   ○ Inwieweit ermöglicht die Organisation Synergieeffekte zwischen den Teilen der Organisation?
   ○ Arbeiten die richtigen Leute zusammen?
   ○ Wie geht man mit der Zeit um?
   ○ Werden Projekte zu Ende geführt?

● Monitoring/Feedback
   ○ In welchem Verhältnis stehen Fremd- und Selbstkontrolle?
   ○ Wie schnell, präzise und zuverlässig ist das Feedback, das man bekommt?
   ○ Inwieweit ist das Feedback geeignet, das eigene Verhalten steuern zu können?

● Konfliktsteuerung
   ○ Inwieweit werden Konflikte wahrgenommen und offen angesprochen?
   ○ Wie werden Konflikte gehandhabt, konstruktiv oder mehr im Sinne einer Suche nach dem Sündenbock, im Sinne von Schuldzuweisungen?
   ○ Handelt es sich dabei mehr um eine Symptom- oder Ursachenbehandlung?

● Beurteilung/Belohnung
   ○ Was sind die eigentlichen Kriterien, anhand derer man beurteilt wird?

○ Wofür wird man im weitesten Sinne belohnt, im weitesten Sinne bestraft?
○ Inwieweit ist dabei ein Zusammenhang mit den Zielen des Unternehmens erkennbar, d. h., wird man für die »richtigen« Dinge belohnt und bestraft?
○ Wie klar sind die Aufstiegskriterien im Unternehmen?

● Training/Orientierung
○ Wird auf Schwachstellen hin trainiert?
○ Inwieweit gibt es ein durchgängiges Konzept, oder wird das betriebliche Bildungswesen mehr als Volkshochschule, die alles anbietet, gehandhabt?
○ Wie werden neue Mitarbeiter eingeführt, auf die Unternehmenskultur eingestimmt?

Phase 2: Wo wollen wir hin?

Die in der Phase 1 erhobenen Informationen geben Aufschluß über den gelebten Istzustand, die tägliche Praxis, in bezug auf folgende Komplexe:

– Strategien, wie sie möglicherweise völlig unabhängig von intendierten Sollstrategien benützt werden: Wie gehen wir tatsächlich an Aufgaben und Probleme heran?
– Beziehungen, vertikal und horizontal: Wie ist das Klima, welche Einflußfaktoren bestimmen die Zusammenarbeit?
– Normen, Annahmen über sich selbst und andere, ungeschriebene Gesetze, wie sie vielleicht fernab offizieller Leitbilder gültig sind: Was steckt hinter den praktizierten Strategien und dem Stil, in dem wir zusammenarbeiten. »What's the name of the game?«

Daraus ergeben sich für die Phase 2 einige Fragenkomplexe, die es zu klären gilt:

- Inwieweit stimmen die Ist-Strategien mit den offiziellen Sollstrategien, sofern vorhanden, überein?
- Inwieweit entsprechen die gelebten Ist-Überzeugungen und Wertvorstellungen dem offiziellen Leitbild, durch das ein angestrebter Sollzustand, in aller Regel schriftlich, fixiert ist?
- Welche Abweichungen, Widersprüchlichkeiten, Schwachstellen und Problembereiche resultieren aus diesen Vergleichen im Hinblick auf vorhandene organisatorische Strukturen, benutzte Systeme, und vor allem, welche Diskrepanzen werden auf der Verhaltensebene offensichtlich?
- Inwieweit unterstützt das bisherige Zusammenspiel von Strukturen, Systemen und Verhaltensweisen die Realisierung von Leitbildern und Sollstrategien im Unternehmen?
- Wo wollen wir, vor diesem Hintergrund, hin? Was stellen wir uns im Sinne einer Vision unter einer neuen Unternehmenskultur vor, welche vorläufigen Ziele sind wichtig?

In der Phase 2, in die die Unternehmensleitung voll integriert sein sollte, wird praktisch ein neues, aktuelles, unternehmens- und problemspezifisches Leitbild erarbeitet, das jetzt verwirklicht werden muß.

Phase 3: Wo fangen wir an?

Auf der Ebene der Führungskräfte und Mitarbeiter geht es nun darum, Engagement und Motivation für eine Erneuerung der Unternehmenskultur zu wecken. Da eine Kultur sich nicht ändern kann, solange sich nicht der einzelne ändert, ist es Ziel dieser Phase, daß alle Verantwortung übernehmen.

In Workshops z. B. wird eine gemeinsam erarbeitete Vision entwickelt, wie eine neue Kultur aussehen sollte. Im Idealfall stellen die Workshops selbst für die Teilnehmer eine erste Gelegenheit dar, Ansätze einer neuen Kultur zu erleben, d. h. praktische Alternativen zu erkennen zu den sonst übli-

chen Schuldzuweisungen bzw. zu der vielleicht bisher praktizierten Suche nach Sündenböcken. Durch diese Workshops
soll den Teilnehmern Gelegenheit gegeben werden,

- an der Entwicklung einer veränderten Kultur mitzuwirken;
- offen über ihre Unzufriedenheit mit den negativen Normen zu sprechen, die für die bestehende Kultur charakteri-
  stisch sind;
- bestehende Verhaltensmuster zu überprüfen, sich individuelle und Gruppenziele zu setzen, neues Verhalten auszuprobieren und sich gegenseitig Feedback zu geben;
- erste emotionale Erfahrungen mit einer veränderten Kultur zu machen;
- einen eigenverantwortlichen und verbindlichen Beitrag zu
  leisten, um eigene Ziele und Zielvorstellungen der Organisation zu erreichen.

Phase 4: Was ändern wir tatsächlich?

Über ein Arbeiten an Problemfeldern, die vorher identifiziert
wurden, dient diese Phase der praktischen Umsetzung und
Realisierung der neuen Kultur.

Auf der Ebene der Führungskräfte kann dies zu Workshops und Trainingsveranstaltungen führen, um eine Übereinstimmung zwischen der Rolle der Führungskraft und der
veränderten Kultur zu bewirken. Dabei bieten sich folgende
Einzelschritte an:

- Einschätzung des aktuellen Führungsverhaltens,
- Identifizierung des erwünschten Verhaltens, u. a. mit Hilfe
  von Rollenmodellen aus dem Unternehmen,
- Hilfen für Verhaltensänderungen,
- Demonstration und Training neuer Verhaltensweisen.

Darüber hinaus empfiehlt es sich, Projekt-Teams zu bilden
für die Entwicklung von Strategien für die Problemfelder, für

die Abstimmung mit der Unternehmensleitung und die konkrete Maßnahmenplanung.

Die Führungskräfte und ihre Mitarbeiter könnten zu regelmäßigen Meetings zusammenkommen, um die Kultur im eigenen Bereich zu verändern, sich Rückmeldungen über den gemeinsam erzielten Fortschritt zu geben und unter Umständen spezielle Trainingsmaßnahmen zu entwickeln.

Phase 5: Was haben wir erreicht?

Um den Änderungsprozeß zu bewerten und abzusichern, kann eine Erfolgskontrolle unter Einbeziehung aller Beteiligten auf folgenden drei Ebenen stattfinden:

- Veränderungen der Kultur wie die Entwicklung positiver Normen, verstärkte Zusammenarbeit, gegenseitige Unterstützung u. ä.;
- Leistungskennziffern wie Ertrag, Umsatz, Qualitätsverbesserung, Unfallhäufigkeit, Fehlzeiten u. ä.;
- Programme und Projekte wie Trainingsprogramme, Aktionen, Umstellungen, Einführung neuer Arbeitsmethoden u. ä.

Einstimmen neuer Mitarbeiter auf die Unternehmenskultur

Ob bewußt gesteuert oder nicht, der oder die »Neue« erhält vom ersten Moment an, also beginnend bei der ersten Kontaktaufnahme, einen deutlichen Eindruck von der Kultur des Unternehmens.

In dieser ersten Zeit kann sehr viel falsch gemacht werden. Wie die Ergebnisse einer vierjährigen Studie, sie wurde durchgeführt von Alfred Kieser, Professor für Betriebswirtschaftslehre und Organisation an der Universität Mannheim, zeigen, werden neue Mitarbeiter in ihren Erwartungen häufig enttäuscht:

- 48% der fünfzig befragten »Neuen« gaben an, an wichtigen Entscheidungen durch ihren Vorgesetzten nicht beteiligt worden zu sein;
- 42% beklagten, daß sie keine Einflußmöglichkeit auf wichtige Entscheidungen im Unternehmen hatten;
- 40% waren aufgrund fehlender Verantwortung in ihrer Tätigkeit nicht zufrieden;
- 20% monierten das Fehlen eines formalen Einarbeitungsprogramms.

Fast die Hälfte der Befragten hatte also während der ersten fünfzehn Monate die zweifelhafte Chance, prompt das Falsche zu lernen und bei dieser Gelegenheit erstmals »sauer« gefahren zu werden.

Worum geht es eigentlich in dieser Anfangsphase?

Einfach ausgedrückt, könnten wir sagen, der neue Mitarbeiter lernt, wie im Unternehmen gearbeitet wird, welche Fettnäpfchen oder Tretminen zu umgehen sind, welche Tricks an der Tagesordnung sind, damit er weiterkommen kann.

In Wirklichkeit handelt es sich um einen langwierigen Prozeß der Sozialisation, bei dem nicht selten alle Beteiligten vor einem Dilemma stehen. Auf der einen Seite schrecken wir möglicherweise davor zurück, »Neue« dahingehend zu manipulieren, sich restlos anzupassen. Andererseits können wir aber die Augen nicht vor der Tatsache verschließen, daß ein gewisser Grad an Uniformität es der Organisation ermöglicht, besser und reibungsloser zu arbeiten.

Im Grunde steht dahinter die Frage: Wie gut passen neuer Mitarbeiter und Unternehmen zusammen? Je früher es Klarheit über die Frage gibt, um so besser. Erfolgreiche Großunternehmen wie IBM und Procter & Gamble haben seit Jahrzehnten eine Strategie entwickelt, diesen ungewissen Weg sowohl für den neuen Mitarbeiter als auch für die Organisation sicherer zu machen. Bequem ist er für niemand:

Schritt 1:

Mit der Auslese neuer Mitarbeiter gibt man sich ausgesprochen Mühe. Bewerber werden einem Selektionsprozeß unterzogen, der so rigoros sein kann, daß der Eindruck entstehen könnte, man möchte den Bewerber eher ent- als ermutigen, im Unternehmen zu arbeiten.

Bei Procter & Gamble z. B. führt das Erstinterview nicht ein Personalmann, sondern ein dafür speziell ausgebildeter, hochkalibriger Linienmanager. Bei diesen Gesprächen werden erste Eindrücke darüber gesammelt, ob der Bewerber wesentliche Anforderungen erfüllt, nämlich ob er in der Lage ist, viel Arbeit in hervorragender Qualität zu bewältigen, Probleme rasch zu identifizieren, zu verstehen und zu gut fundierten und überlegten Lösungen zu kommen, die sich in Aktionen umsetzen lassen. Es folgen weitere Interviews und ein Besuch des Firmenhauptquartiers.

Da es amerikanische Firmen gibt, in denen »Anfänger« bis zu hundert Stunden pro Woche arbeiten, werden dort auch Freunde, Freundinnen und Ehegatten zu Gesprächen eingeladen, um sicherzugehen, daß sie darüber informiert und damit einverstanden sind, was an Belastungen auf ihren Lebenspartner zukommen wird. Statt eine Position vollmundig zu verkaufen, wird versucht, den Bewerber bereits in dieser Phase möglichst nahe an die von ihm zu erwartende Realität heranzuführen.

Entscheidungsdruck entsteht dabei auf beiden Seiten: Soll der Bewerber das Angebot annehmen, auch wenn er nicht mit allem einverstanden ist, soll das Unternehmen zusagen, obwohl oder vielleicht gerade weil der Kandidat nicht auf Anhieb zur Unternehmenskultur paßt?

Schritt 2:

Besonders wenn der neue Mitarbeiter noch jünger ist und nur bedingt über Berufserfahrung verfügt, lernt er zunächst erst einmal, im Stil des Hauses zu arbeiten. Im Klartext: Er wird mit mehr Arbeit eingedeckt, als er realistisch schaffen kann. Ziel dieser Phase ist es, ihn an seine Leistungsgrenzen heranzuführen und ihm indirekt dabei zu helfen, sich für Normen zu öffnen, die vor ihm bereits im Unternehmen gegolten haben.

Teilweise werden Trainingsprogramme gefahren, in denen bisher auf Einzelleistung fixierte Anfänger vielleicht erstmals in ihrem Leben lernen, daß das Pensum nur geschafft werden kann, wenn sich alle gegenseitig helfen. Ähnlich soll es ja, dem Vernehmen nach, idealerweise auch in einem Betrieb zugehen.

Entscheidend in diesen »Härtetests« ist es, daß neue Mitarbeiter beständig Feedback über ihre Leistung und ihr Verhalten bekommen. Von daher hat diese Vorgehensweise auch nichts mit zwei gefährlichen Einarbeitungsstrategien zu tun, wie sie Kieser beschreibt:

- Wirf-ins-kalte-Wasser-Strategie, bei der »Neue« gezielt überlastet werden, sich dabei bewähren oder untergehen. Da die Mitarbeiter wenig Hilfe und Rückmeldung über ihren Erfolg oder Mißerfolg erhalten, birgt dieser Ansatz die Gefahr des frühzeitigen Scheiterns und einer Vorurteilsbildung in Richtung »Versager« in sich.
- Entwurzelungsstrategie, bei der neue Mitarbeiter von ihren Vorgesetzten durch fehlendes, irreführendes oder widersprüchliches Feedback fundamental verunsichert werden.

Schritt 3:

Als nächstes kommt für die »Neuen« der Einsatz in Aufgabenbereichen, die für das Geschäft eines Unternehmens wesentlich sind. In einer Verkaufskultur bedeutet dies, im Marketing, im Vertrieb anzufangen und Basiserfahrungen zu sammeln. Die ersten Beförderungen hängen davon ab, wie sich jemand, unabhängig davon, was er später einmal machen wird, hier bewährt.

Dieses Vorgehen hat mehrere Vorteile:

– Es wird dadurch vermieden, daß Jungakademiker in Stabsstellen landen und frei jeglicher Unternehmenserfahrung altgedienten Linienleuten erzählen, wie sie ihre Arbeit zu machen hätten.
– Neue Mitarbeiter lernen, daß es keinen Expreßaufzug nach oben gibt. Man muß sich Schritt für Schritt in bestimmten Positionen als erfolgreich erwiesen haben, um weiterzukommen.
– Über Zahlen und abstrakte Konzepte hinaus werden unmittelbare persönliche Erfahrungen darüber gesammelt, wie schwer es z. B. ist, etwas zu verkaufen, oder wie man sich fühlt, wenn man gerade bei einem Kunden herausgeflogen ist.
– Diese ersten Karriereschritte schweißen auch insofern zusammen, als viele Führungskräfte einmal »klein« angefangen haben und, was die ersten Jahre betrifft, später über einen gemeinsamen Erfahrungshintergrund verfügen.

Schritt 4:

Der »Neue«, der bereits nicht mehr ganz neu ist und die ersten Management-Positionen erklommen hat, wird dann nach klaren Kriterien beurteilt, die von Unternehmen zu Unternehmen ganz unterschiedlich sein können.

Bei Procter & Gamble gibt es z. B. drei Faktoren, die wirklich zählen: Umsatz, Profit und die Fähigkeit, Produkte den jeweiligen Marktverhältnissen anzupassen.

Bei IBM kommt es dagegen darauf an, die Würde des einzelnen zu respektieren. Wer es sich also mit seinen Mitarbeitern verdirbt, wer auf zu viele Zehen steigt, wer zuviel böses

Blut verursacht, der läuft Gefahr, in Form einer ›penalty box‹ eine Ehrenrunde zu drehen. Vorläufig abgeschoben auf einen bedeutungslosen Posten der bisherigen Ebene, hat der Mitarbeiter die Möglichkeit, sich zu fangen, und es vergeht genügend Zeit, um aufgerissene Wunden heilen, erhitzte Gemüter sich beruhigen und verletzte Gefühle allmählich vergessen zu lassen.

Über diese mittelfristig angelegten Einführungsstrategien haben sich gerade Unternehmen in Deutschland in jüngster Zeit einiges einfallen lassen, um sich gegenüber neuen bzw. potentiellen Mitarbeitern auf ungewohnte Weise zu präsentieren.

So veranstaltet z. B. der Computer-Hersteller Digital Equipment in München für Kandidaten, die später im Vertrieb arbeiten sollen, Assessment Centers, die zwar der Auslese dienen, bei denen die Bewerber aber auch mit der Unternehmenskultur in Berührung gebracht werden. Bewerkstelligt wird dies u. a. dadurch, daß diese Assessment Centers nicht in einem Hotel, sondern in den eigenen Räumen stattfinden, so daß die Teilnehmer etwas von der Atmosphäre des Hauses mitbekommen und, bedingt durch viele Glaswände, ihren zukünftigen Kollegen über die Schulter schauen können.

Nach einer Begrüßung und kurzen Präsentation des Unternehmens beginnt dann nicht, wie es bei Assessment Centers alter Prägung häufig der Fall war, eine Serie mehr oder minder öder Tests, sondern die Teilnehmer befassen sich mit einer ganzen Reihe von situativen Aufgabenstellungen, mit Rollenspielen, Teambesprechungen und Präsentationen, die hautnah zugeschnitten sind auf die Anforderungen, die in einem späteren Einsatz bei Digital Equipment zu erfüllen sind. Ohne Indoktrination lernen die Teilnehmer, worauf es ankommt, nämlich auf Überzeugungsvermögen, Verhandlungsgeschick, Kreativität und die Fähigkeit, in und mit Gruppen zu arbeiten.

Obwohl zu diesem Zeitpunkt die Teilnehmer noch nicht Mitarbeiter des Unternehmens sind, findet am Ende des Assessment Centers eine allgemeine Aussprache statt, bei der alle die Möglichkeit haben, Kritik und Anregungen zur Veranstaltung und ihrem Ablauf zu äußern. Auch dadurch wird eine weitere Wertvorstellung in die Tat umgesetzt: Offenheit.

Ein anderes kreatives Beispiel, neuen Mitarbeitern die Kultur des Unternehmens näherzubringen, stellt das Nixdorf-Auftaktprogramm dar, das viermal jährlich für jeweils 250 neue Vertriebsbeauftragte, Servicetechniker, Sekretärinnen, Buchhalter und Entwicklungsingenieure durchgeführt wird.

Ziel dieser fünftägigen Veranstaltungen ist es, den Neuen den Einstieg ins Unternehmen zu erleichtern, sie mit den Unternehmenszielen und der Nixdorf-typischen Arbeitsweise vertraut zu machen – und nicht zuletzt, sie auf ein gemeinsames Feindbild, nämlich IBM, einzuschwören.

Da man mit 250 Teilnehmern nicht arbeiten kann, wird das Plenum in fünfzehn Gruppen aufgeteilt, die von jüngeren Führungskräften, die eigens dafür ausgebildet wurden, betreut werden. Diese Gruppen, die sich zur Stärkung der Identität eigene Namen geben, bilden eine Art von Familie und sind zugleich Wettkampf-Teams. Denn ihre Aufgabe ist es, über die Veranstaltung eine Art Zeitung bzw. Dokumentation anzufertigen, am Ende des Programms entscheidet dann eine Jury über die beste Ausgabe. Stoff für diese Berichte wird geboten in Form von

- Vorträgen über die Geschichte und Philosophie des Unternehmens, seinen organisatorischen Aufbau, seine Produkte und deren Entwicklung, seinen Standort am Markt und gegenüber der Konkurrenz, über die Prinzipien der Personalführung;
- Übungen mit Nixdorf-Systemen;
- Begegnungen mit Führungskräften und, getreu den Prinzipien des sichtbaren Managements, mit Vorstandsmitgliedern und dem Gründer des Unternehmens.

Um auf dem laufenden zu bleiben, ist es an der Tagesordnung, in den Gruppen bis nach Mitternacht an den Dokumentationen zu arbeiten.

Auf fast spielerische Art gelingt es durch dieses Auftakt-
programm, das übrigens hervorragend ankommt, die neuen
Mitarbeiter mit einigen Grundwerten aktiv vertraut zu machen: Es kommt nicht nur auf Qualität, sondern auf »Erst-
klassigkeit« und entsprechenden Einsatz an.

Dieses Seminar ist eingebettet in ein ausgefeiltes Konzept
zur Einführung neuer Mitarbeiter, denen ebenso rasch wie
vielgestaltig vermittelt wird, wie bei Nixdorf gedacht und gearbeitet wird.

Gezielte Aktionen

Wohl der direkteste Weg, eine Kultur zu verändern, ist es, bei
bestimmten Gelegenheiten, im Einklang mit den neuen Wertvorstellungen, einfach etwas anders zu machen als bisher.
Dabei wird nicht lang und breit über die Unternehmensphilosophie gesprochen, sondern sie wird, für alle sicht- und erlebbar, in entsprechende Aktionen umgesetzt.
Mit einiger Phantasie lassen sich in jedem Unternehmen An-
lässe finden, um über ein verändertes Verhalten und eine veränderte Vorgehensweise bestimmte Botschaften ohne großen
rhetorischen Aufwand über den Tisch zu bringen. Damit
wird auch ein wesentliches Kriterium einer starken Kultur erfüllt: sie steht nicht nur auf dem Papier, sondern sie wird vor
allem gelebt.
Ein gutes Beispiel für diesen situativen Ansatz ist in jüngster
Vergangenheit die Anlaufstrategie der Ford-Werke in Köln
für ihr neues »Scorpio«-Modell. Da ›employee involve-
ment‹, d.h. die Mitarbeiterbeteiligung, zu den Grundsätzen
der neuen Ford-Philosophie zählt, wurde ein differenziertes
Konzept mit folgenden Zielsetzungen entwickelt:

– Identifikation: Verstärken der Identifikation der Mitarbeiter mit den gemeinsamen Produkten,
dem Werk und mit Ford.

- Führung: Vertiefen des partnerschaftlichen Füh-
                   rungsprinzips in der täglichen Führungs-
                   praxis.
- Kommunikation: Intensivieren des Informationsflusses im
                   Werk (vertikal und horizontal) und mit
                   den angrenzenden Organisationen.
- Zusammenarbeit: Fördern der Zusammenarbeit zwischen
                   Personen und Gruppen im Werk und
                   den angrenzenden Organisationen.

Aus der Fülle der sich daraus ergebenden Maßnahmen seien
beispielhaft die Aktionen herausgenommen, mit denen die
Mitarbeiter an den »Scorpio« herangeführt wurden:

- Bereits knapp zwei Jahre bevor das neue Modell auf Band
  gelegt wurde, begann man damit, ca. 4000 Mitarbeitern
  Gelegenheit zu geben, Prototypenkarosserien und komplett montierte Fahrzeuge zu sehen und zu begutachten.
- Bei einer einzigen Aktion des Montagewerks wurden von
  den Mitarbeitern z. B. 280 Empfehlungen für Verbesserungen ausgesprochen, von denen 174 berücksichtigt werden
  konnten.
- Von ca. 700 Mitarbeitern wurden ausgedehnte Fahrtests
  durchgeführt, d. h., sie hatten die Möglichkeit, das neue
  Auto zu fahren – also etwas, das Spaß macht und das es
  früher nicht gegeben hat.

Über die Information hinaus war es erklärtes Ziel dieser
›Here-is-how‹-Aktionen, die Erfahrung der Mitarbeiter hinsichtlich der Durchführbarkeit von neuen Operationen zur
Früherkennung von Fertigungs- und Qualitätsproblemen zu
nutzen. Das ist aber sicherlich nur die eine Seite der Medaille, denn der Motivationseffekt bei denjenigen, die das neue
Modell dann später gebaut haben, kann gar nicht hoch genug
eingeschätzt werden. Sie sind tatsächlich beteiligt worden.

7. Ausblick: Unternehmenskultur in Deutschland

>»Deutschsein heißt, eine Sache um ihrer selbst willen tun.«
>
> CARL MARIA VON WEBER, 1786–1826

Abhängig von den Menschen, der Region, der Branche, der Geschichte seiner Entwicklung hat jedes Unternehmen seine eigene Kultur. Von einer typisch deutschen Unternehmenskultur zu sprechen verbietet sich also von selbst.

Weiterhin ist es ein hochriskantes Unterfangen, von Deutschland aus über die Kultur in deutschen Betrieben etwas halbwegs Intelligentes auszusagen, denn es fehlen Abstand und Vergleichsmöglichkeiten.

Von daher sei ein kleiner Kunstgriff erlaubt. Wie ausführlich beschrieben, werden Wertvorstellungen und Überzeugungen in wesentlichem Umfang von Führungskräften getragen und an die Mitarbeiter weitergegeben. In unserem Sinne werden Führungskräfte damit zu betrieblichen »Kulturträgern«.

Wie verhalten sich nun diese Führungskräfte?

Basierend auf interkulturellen Vergleichen, stehen hier einige Ergebnisse zur Verfügung, die bei der Analyse von über 8000 Managern aus zwölf geographischen Gruppierungen (USA, Großbritannien, Niederlande, Belgien, Skandinavien, Frankreich, Italien, Spanien und Portugal, Lateinamerika, Indien und Japan) gewonnen wurden. Auch wenn es den österreichischen Leser möglicherweise nicht freut, so hat der amerikanische Initiator dieser Studie, Bernard M. Bass, deutsche und österreichische Führungskräfte einfach in einen Topf geworfen. Gibt es vielleicht doch keine Unterschiede?

Hier nun einige empirisch abgesicherte Kernaussagen:

- Im Gegensatz zu allen anderen Nationalitäten reklamierten die deutschsprachigen Führungskräfte vor allem Lebensziele wie Selbstverwirklichung, Führung und Unabhängigkeit für sich. Für andere Lebensziele wie Dienst an der Gesellschaft, Pflicht und Vergnügen konnten sie sich nicht erwärmen.
- Im menschlichen Bereich gibt es offensichtlich Schwierigkeiten (korrekt und neuzeitlich ausgedrückt, müßte hier natürlich von »zwischenmenschlichen« Schwierigkeiten die Rede sein, ein Begriff, der ob seiner Hölzernheit das ganze Problem deutlich ausdrückt). Hinsichtlich des Wunsches, Gefühle anderer bewußt wahrzunehmen und zu verstehen, rangieren die deutschsprachigen Manager am unteren Ende der internationalen Skala.
- Auch tun sie sich vergleichsweise am schwersten von allen, Sympathie und Zuneigung zu akzeptieren.
- Die Bereitschaft, sich mit der Frage: »Warum tue ich das, was ich tue?« auseinanderzusetzen, ist bei ihnen am geringsten ausgeprägt. Der Amerikaner Bass glaubt, daß Fragen dieser Art durch das bei uns vorherrschende Arbeitsethos verdrängt werden.
- Dagegen war die Tendenz, Autorität einzusetzen, um eine Arbeit erledigen zu lassen, bei ihnen am schwächsten erkennbar. Analog dazu wurde auch bei dem Wunsch, durch kooperative Vorgesetzte geführt zu werden, ein internationaler Spitzenplatz eingenommen.

Auch wenn die Ergebnisse aus dem Jahr 1979 stammen und in dieser Form vielleicht nicht mehr ganz gültig sind, ergeben sie doch ein widersprüchliches Bild:

- Wie verträgt sich der Drang nach Selbstverwirklichung mit der Ablehnung von Fragen nach dem Sinn des eigenen Tuns?

– Wie läßt sich der Wunsch nach kooperativer Führung, die neben Leistung auch gute menschliche Beziehungen zum Ziel hat, mit der Angst vor Sensibilität und emotionaler Nähe vereinbaren?

Möglicherweise sind diese Gegensätzlichkeiten in einer Reihe zu sehen mit einem weiteren Widerspruch:

In den meisten deutschen Unternehmen gibt es Leitbilder, Führungsmodelle, -richtlinien und -grundsätze. Mit ihnen mehrere Bücher zu füllen dürfte nicht schwerfallen.

Doch sie werden vielerorts nicht gelebt, sie haben mit der täglichen Praxis nicht viel zu tun. Aufgrund der häufig anzutreffenden detaillierten Beschreibungen, wie Führungsaufgaben verwaltet werden können, sind sie das geblieben, was sie immer schon waren: Papier. Ähnlich wie unser abgehobener deutscher Kulturbegriff, der die Niederungen wirtschaftlichen Schaffens bewußt ausschließt, verfügen wir über Leitlinien, aus denen sich bei feierlichen Anlässen trefflich zitieren läßt, die aber auf das, was gelebt wird, kaum einen Einfluß haben.

Es ist an der Zeit, wenigstens einen Teil der Energie, die für die perfekte Ausformulierung dieser Leitlinien verwandt wurde, heute für eine Aktualisierung und Realisierung einzusetzen. Vielleicht haben wir dann nicht nur eine Unternehmenskultur, sondern unsere Betriebe sind eine Unternehmenskultur.

Literatur

ALLEN, ROBERT F., und *The Organizational Unconscious,*
KRAFT, CHARLOTTE: Prentice-Hall, Englewood Cliffs, 1982

ARGYRIS, CHRIS: *Double loop learning in organizations,* Harvard Business Review, September – October 1977

ARGYRIS, CHRIS, und *Organizational Learning:*
SCHÖN, DONALD A.: *A Theory of Action Perspective,* Addison-Wesley, Reading, Mass., 1978

BASS, BERNARD M., und *Assessment of Managers,*
BURGER, PHILIP C.: The Free Press, New York, 1979

BATTELLE-INSTITUT: *Die Zukunft der Bankzweigstellen,* Frankfurt, 1984

BENNIS, WARREN: *Four Traits of Leadership* in: The Hay Report, Hay Management Consultants, Philadelphia, 1983

BENNIS, WARREN, und *Leaders – The Strategies for Taking*
NANUS, BURT: *Charge,* Harper & Row, New York, 1985

BRÄUNINGER, FRIEDRICH: *Unternehmenskultur: Geheimnis des Erfolgs,* Wirtschaftswoche, 47/1985

BURFORD, VICTOR L., und *»Visible Management« at United Airlines –*
BOURKE, CONSTANCE: *An Interview with Edward E. Carlson,* Harvard Business Review, July – August 1975

COOPER, MICHAEL R.: *Changing Employee Attitudes: Two Different Americas – Fast Growth vs. Slow – Growth Organizations,* in: The Hay Report, Hay Management Consultants, Philadelphia, 1983

233

DAVIS, STANLEY M.:   *Managing Corporate Culture,*
                            Ballinger, Cambridge, Mass., 1984
DEAL, TERRENCE E., und   *Corporate Cultures – The Rites and Rituals*
KENNEDY, ALLAN A.:   *of Corporate Life,*
                            Addison-Wesley, Reading, Mass., 1982
EPSTEIN, SEYMOUR: *Entwurf einer Integrativen Persönlichkeits-*
                            theorie,
                            in Filipp, Sigrun-Heide (Hrsg.) Selbstkon-
                            zept – Forschung,
                            Klett-Cotta, Stuttgart, 1979
FORD II, HENRY: *Our Corporate Culture: The Way I See It,*
                            Ansprache, Ford Worldwide Management
                            Meeting,
                            Boca Raton, Florida, November 20, 1984
FROMM, ERICH: *Haben oder Sein,*
                            dva, 1976
GREGORY, KATHLEEN L.:   *Native-View Paradigms: Multiple Cultures*
                            and Culture Conflicts in Organizations,
                            Administrative Science Quarterly, Septem-
                            ber 1983
HARRISON, ROGER: *Understanding your organization's charac-*
                            ter,
                            Harvard Business Review, May–June 1972
HEINEN, EDMUND: *Entscheidungsorientierte Betriebswirt-*
                            schaftslehre und Unternehmenskultur,
                            ZfB 55. Jg. (1985), H. 10
HERMAN, STANLEY M.,   *Authentic Management:*
und   *A Gestalt Orientation to Organizations and*
KORENICH, MICHAEL: *Their Development,*
                            Addison-Wesley, Reading, Mass., 1977
HERZBERG, FREDERICK /   *The Motivation To Work,*
MAUSNER, BERNARD, und   John Wiley & Sons, New York, 1959
SNYDERMAN, BARBARA
BLOCH:
HUBER, MICHAEL: *Die betriebspädagogische Bedeutung von*
                            Betriebsphilosophien,
                            GBI-Verlag, München, 1985
KETS DE VRIES,   *The Neurotic Organization,*
MANFRED F. R., und   Jossey-Bass, San Francisco, 1984
MILLER, DANNY:

234

KIESER, ALFRED, und *Schutzimpfung für den Neuen,*
NAGEL, RÜDIGER: manager magazin, Dezember, 1985
KILMAN, RALPH H.: *Five Steps To Culture Change:*
Vultures Vs. Beavers,
New Management, 2/1, 1984
KILMAN, RALPH H.: *Corporate Culture,*
Psychology Today, April 1985
KRUPPA, REINHOLD: *Firmenkultur und Management,*
Schimmelpfeng-REVIEW, 34/1984
KRUPPA, REINHOLD: *Unveröffentlichtes Vortragsmanuskript*
»Firmenkulturanalyse«,
Universität München, MTP, 1985
KÜCHMANN, ERNST: *Fertigungs-Seminar,*
Ford-Werke AG, Köln, 1985
MACCOBY, MICHAEL: *The Gamesman.*
The New Corporate Leaders,
Simon and Schuster, New York, 1976
deutsch: *Die neuen Chefs,*
Rowohlt, Hamburg, 1979
MAGNET, MYRON: *Managing by Mystique at Tandem Comput-*
ers,
Fortune, June 28, 1982
MARTIN, JOANNE / *The Uniqueness Paradox in Organizational*
FELDMAN, MARTHA S. / *Stories,*
HATCH, MARY JO, und Administrative Science Quarterly, Septem-
SITKIN, SIM B.: ber 1983
MASLOW, ABRAHAM H.: *Motivation and Personality,*
Harper & Row, New York, 1954
McGREGOR, DOUGLAS: *The Human Side of Enterprise,*
McGraw–Hill, New York, 1960,
deutsch: *Der Mensch im Unternehmen,*
Econ, Düsseldorf, 1971
MORNER, PETER: *Richtfest,* Capital,
Dezember 1984
NAISBITT, JOHN: *Megatrends,*
Warner Books, New York, 1982
OUCHI, WILLIAM: *Theory Z,*
Addison–Wesley, Reading, Mass., 1981

PASCALE, RICHARD   *The Art of Japanese Management,*
TANNER, und   Simon and Schuster, New York, 1981
ATHOS,
ANTHONY G.:
PASCALE, RICHARD: *Fitting New Employees Into The Company
                      Culture,*
                      Fortune, May 28, 1984
PETERS, THOMAS J., und *In Search of Excellence,*
WATERMAN, ROBERT H.:   Harper & Row, New York, 1982
                      deutsch: *Auf der Suche nach Spitzenleistun-
                      gen,*
                      Verlag Moderne Industrie, Landsberg am
                      Lech, 1983
PETTIGREW, ANDREW M.: *On Studying Organizational Cultures,*
                      Administrative Science Quarterly, Decem-
                      ber 1979
ROGERS, EVERETT M.,   *Silicon Valley Fever,*
und LARSEN, JUDITH K.: Basic Books, New York, 1984
ROSENSTIEL, LUTZ VON / *Betriebsklima heute,*
FALKENBERG, THOMAS /   Kiehl, Ludwigshafen, 1983
HELM, WALTER /
HENSCHEL, ELISABETH,
und WARNS, IRMGARD:
RÜSSMANN, KARL HEIN-   *Wettkampf nach Mitternacht,*
RICH: manager magazin, Juni, 1985
RÜTTINGER, ROLF: *Transaktions-Analyse,*
                      Sauer-Verlag, Heidelberg, 1980
RÜTTINGER, ROLF: *Passen Ihre Strategien zu Ihrer Firmenkul-
                      tur?*
                      trendreport Rolf Rüttinger & Partner,
                      München, 1984
SATHE, VIJAY: *Implications of Corporate Culture:
                      A Manager's Guide to Action,*
                      Organizational Dynamics, Autumn 1983
SCHEIN, EDGAR H.:   *Coming to a New Awareness of Organizatio-
                      nal Culture,*
                      Sloan Management Review, Winter 1984
SCHEIN, EDGAR H.:   *Organizational Culture And Leadership,*
                      Jossey-Bass, San Francisco, 1985

SCHWARTZ, HOWARD, und   *Matching Corporate Culture and Business*
DAVIS, STANLEY M.:   *Strategy,*
                         Management Analysis Center, Cambridge,
                         Mass., 1983
SILVERZWEIG, STAN, und   *Changing the Corporate Culture,*
ALLEN, ROBERT F.:   Sloan Management Review, Spring 1976
SMIRCICH, LINDA: *Concepts of Culture and Organizational*
                         Analysis,
                         Administrative Science Quarterly, September 1983
SPENGLER, OSWALD: *Der Untergang des Abendlandes,*
                         C. H. Beck, München, 1959
STROEBE, GUNTRAM: *Unveröffentlichtes Workshop-Protokoll*
                         »Unternehmenskultur«,
                         München, 1985
TICHY, NOEL M.:   *Managing Strategic Change,*
                         John Wiley & Sons, New York, 1983
UTTAL, BRO: *The Corporate Culture Vultures,*
                         Fortune, October 17, 1983
WATZLAWICK, PAUL: *Anleitung zum Unglücklichsein,*
                         Piper, München, 1983
WOLLERT, ARTUR: *Führungsethik – was soll's?*
                         Personalführung, 4/85

Hans-Uwe L. Köhler

Musashi
für Manager

ECON

176 Seiten, 32 Schwarzweißabbildungen
und 10 Grafiken, gebunden

ECON Verlag, Postfach 9229, 4000 Düsseldorf 1

Rudolf Wassermann
Die Zuschauer-
demokratie

ECON

240 Seiten, gebunden

ECON Verlag, Postfach 92 29, 4000 Düsseldorf 1

Guy Sorman

Der neue Liberalismus

Die Macht des Individuums in der verwalteten Gesellschaft

ECON

240 Seiten, gebunden

ECON Verlag, Postfach 9229, 4000 Düsseldorf 1